EL VALOR DE LO INVISIBLE

Geometría Sagrada e Inteligente

Marta Povo

Edición digital revisada por la autora
y por la Escuela Geocrom de Barcelona, en el 2023

Versión original de la obra: 1995
© Marta Povo Audenis 1995

ISBN: 9798863815411
Independently published

MARTA POVO AUDENIS

ÍNDICE

- Prólogo del lama Thubten Wangchen
- Prólogo de la autora a la edición digital
- Introducción a los paradigmas de la luz, el color y la geometría
- Síntesis de la Geocromoterapia
- El poder equilibrador
- La energia invisible
- Electricidad y polaridad
- El magnetismo y la física de los últimos siglos
- La esencia de la luz
- La estructura de la luz y sus clases: el color
- El color y la mente
- Goethe y Steiner
- Características terapéuticas del color
- Los colores, uno a uno
- El color y la ley universal del movimiento
- Simbología tradicional en geometría
- Pitágoras y el significado espiritual de los números
- El feng shui y la influencia cotidiana de la forma
- El sentido de la geometría como fuerza curativa o equilibradora
- La teoría de la causación formativa y la resonancia mórfica
- Las formas inteligentes de la naturaleza: el número de oro
- La búsqueda espiritual de la arquitectura
- El lenguaje de las formas
- Mantras, yantras y mandalas
- El valor del isomorfismo
- La hipótesis de la llave y la cerradura
- Cientifismo versus Misticismo
- Bibliografía
- Histórico de la autora

MARTA POVO AUDENIS

PRÓLOGO DEL LAMA THUBTEN WANGCHEN

En este mundo moderno donde vivimos, el progreso material tecnológico es inmenso. Sin embargo, como sabemos, todo el mundo busca felicidad y paz interior.

La mejor fuente para ser feliz es a través del conocimiento de la esencia de la espiritualidad y el potencial humano. Hay un dicho tibetano que dice: "aunque mueras mañana, aprende hoy algo". Esto quiere decir que nuestro aprendizaje es infinito en multitud de temas.

Espero que este libro ayude a acercarnos al significado de la energía de la luz y del color alrededor nuestro. La influencia de la naturaleza y el cosmos en la vida cotidiana ayudan a equilibrar la energía física con la psíquica. Todo conocimiento existe para ser aplicado en la mejora de la condición humana.

Mis esperanzas y oraciones para que este libro de Marta Povo contribuya a enriquecer vuestro aprendizaje. Salud, paz y felicidad a todos.

THUBTEN WANGCHEN, 1995
Presidente de la casa del Tibet,
representante del Dalai Lama en España

MARTA POVO AUDENIS

PRÓLOGO DE LA AUTORA A LA EDICION DIGITAL

Justo cuando acabo de escribir mi reciente libro número 23, en el año 2023 se me pide re-editar en formato digital mi antigua obra, *El Valor de lo Invisible*, exactamente la primera que escribí en 1994, y para mí ha sido un honor y un placer inesperado. De aquel primer libro partió toda mi posterior creatividad literaria y mi investigación en los valores terapéuticos de la sagrada Geometría. Pero escribirlo hace tres décadas también representó una verdadera introspección, mi mayor cambio existencial y una forma contundente de realizarme como mujer.

Escribir, para mí no solo es un arte, sino una dinámica terapéutica, un modo de ordenación interior y de fusión coherente de mis dos hemisferios, además de ser un servicio a esa pequeña humanidad que lee mis reflexiones y mis aportaciones. Con esta publicación digital y popular del 'Valor de lo Invisible' honro hoy ese impulso inicial y ese anhelo espiritual que me llevó a crecer y que me llevó a creer... Creer en la sacralidad de la Geometría y la Luz, dos elementos, las formas y los colores, que siempre habían formado parte de mi vida en familia, artesanos y artistas, gente sentible, visionaria y también mediúmnica, elementos aparentemente estéticos pero redescubiertos ahora, después de unaintensa exploración, como grandes elementos energéticos, vivos y muy útiles para la visión integrativa de hoy.

Todo mi trabajo terapéutico actual puede decirse que parte de esta antigua semilla sembrada; incluso mis libros posteriores también parten de esta primera fascinación, de esa cepa o raíz, de esa inmersión clara en los grandes valores y poderes de eso que llamamos 'invisible' pero que evidentemente es energético y espiritual, palpable, constatable y finalmente visible.

Marta Povo Audenis, 2023

INTRODUCCIÓN A LOS PARADIGMAS DE LA LUZ, DEL COLOR Y DE LA GEOMETRÍA

Vivimos dentro de la luz. Sus colores nos afectan y nos nutren. Estamos eternamente rodeados de formas y de símbolos: los números, el abecedario, la publicidad, el arte que reposa en nuestras paredes, los ángulos de nuestro hábitat, las curvas que desprenden las flores, los árboles, las órbitas de nuestros átomos... Todo, absolutamente todo, es "forma". En cualquier cosa reposa la luz y todo emite una vibración cromática.

La comprensión de cómo nos pueden equilibrar o desequilibrar las diferentes formas que nos rodean y de cómo nos afecta la luz y sus distintas manifestaciones (el color), no es una tarea fácil para nadie. La incidencia sobre nuestro Ser de estos tres factores posiblemente sea aún desconocida. Para abordar seriamente estos temas, esos valores naturales pero sutiles, fácilmente se diría que es necesario poseer un carácter especial, una mente abstracta o con una capacidad de conceptualización fuera de lo habitual en nuestra forma de pensamiento lineal y racional. Sin embargo, creo que dicha capacidad para comprender conceptos tan aparentemente abstractos es una capacidad totalmente inherente a los seres humanos; sólo nos puede parecer fuera de nuestro alcance, por una cuestión meramente emocional, cultural o de hábitos adquiridos.

Que hasta ahora, dentro de los cánones de la medicina habitual, así como en otras disciplinas, no se hayan valorado (o no se contemplen... o no se utilicen...), los elementos generadores de ciertas fuerzas no visibles, ni el valor intrínseco de la geometría pura, o el poder de los arquetipos gráficos, ni el de los colores, o de las fuentes de luz (así como el valor terapéutico de los sonidos y otros elementos vibratorios), todo ello no significa que dichos elementos no sean útiles para nuestra evolución. Simplemente significa que "hasta ahora" no se han observado; significa que no se han investigado en profundidad como "importantes" elementos equilibradores o terapéuticos. Es decir, hasta el momento, no ha existido la costumbre de ir, ni teórica ni experimentalmente, por ese camino de "lo que es invisible", de lo que es, tal vez, más conceptual, más sutil, prefiriendo tranquilamente investigar y utilizar, durante siglos, los productos de nuestra tierra visible, las plantas, los minerales, los animales, y todos sus derivados, para nuestra salud, curación y evolución. De todas maneras, posiblemente hasta ahora el ser humano tampoco estaba preparado para integrar otras vibraciones más sutiles que las de la pura materia, ni en su mente ni en sus células.

Mi propuesta, a lo largo de este libro, es empezar a contemplar la posibilidad de valorar y de utilizar, en varios campos de acción, y para nuestro bienestar físico y psicológico, estos elementos menos tangibles, más invisibles o más etéricos, como son, en primer lugar, la propia LUZ, y sus colores, fenómeno clave que nos aporta la vida y la salud; en segundo lugar, la FORMA de los polígonos geométricos, que contienen la información más pura de todo proceso en el Universo. Lo que llamamos comúnmente "luz", puede ser visto con nuestro sistema óptico, pero lo que no vemos de ella, lo que es realmente invisible, es precisamente lo que hace esta luz, la cual, dicho sea de paso, nos inunda continuamente. La intención básica que me mueve a escribir es intentar hacer comprensibles estos conceptos y empezar a verlos como posibles potenciales utilizables tanto en el terreno terapéutico como en el artístico y humanístico.

Para ello, he utilizado primeramente la simple capacidad de observación inherente a todo ser humano, y también la comparación y el análisis de lo que hasta ahora se ha dicho y se ha conocido al respecto, desde diferentes puntos de vista y desde todos los ángulos posibles. La intención primordial de esta amplia revisión de valores es la de facilitar la comprensión de esos desconocidos paradigmas, luz, color y geometría, dentro de los límites de nuestros parámetros culturales.

He intentado, conscientemente, que los puntos de vista revisados y el planteamiento de estos temas, sean realmente variados, además de enriquecedores e interesantes desde el punto de vista antropológico, con el fin de no interponer limitaciones cognitivas que invaliden la profunda comprensión de las capacidades y las infinitas posibilidades humanas. En mi revisión no he refrenado ni siquiera las polémicas disciplinas de la ciencia (tal como hoy se entiende) o de la mística (a menudo llamada metafísica o esoterismo), puesto que toda resistencia en un impedimento de conocimiento. Al fin y al cabo, en la actualidad, tratar un asunto solamente desde el punto de vista científico, no es una garantía en pro del conocimiento de la Realidad o de la verdad única. Por otro lado, las verdades esotéricas, ocultas o metafísicas, han dejado de ser "esotéricas" desde el momento que han visto la luz pública.

Debo aclarar, antes que nada, que he dedicado estos últimos años de mi vida al desarrollo de un método de trabajo terapéutico basado precisamente en la luz, en el color y en la geometría, al que he llamado Geocromoterapia o método Geocrom. El motor que puso en marcha mi actividad literaria actual fue precisamente la investigación sobre estos tres potenciales vibratorios y también mi experiencia terapéutica con ellos, contrastada con la experiencia de otros profesionales, respecto a mi método; de hecho, la génesis de este libro surgió al mismo tiempo que iba creciendo y tomando forma la Geocromoterapia. La razón personal de escribir sobre ello fue una pura necesidad de estudio e indagación sobre los fundamentos en que se basaba mi propio método. Conforme iba trabajando (a menudo empíricamente) con luz, con color y con formas geométricas, combinando entre sí de manera coherente estas tres fuentes energéticas, al mismo tiempo que observaba los valiosos resultados que generaban, fue surgiendo de forma natural y fluida la profunda necesidad de comprender mejor conceptualmente cada uno de estos tres elementos y valorarlos debidamente.

Si he llegado aquí, es decir, si he llegado a generar un nuevo método de trabajo terapéutico en base a la luz y a la forma, evidentemente no es solamente por mi formación médica en Acupuntura y en otras terapias vibracionales y energéticas, ni por la experiencia terapéutica en mi consulta, abierta tan sólo desde 1988. Con anterioridad estuve trabajando intensivamente, durante veinte años, en el mundo del arte y en la fotografía profesional, lo cual me dio mucha información teórica y práctica respecto a las luces, a los diferentes colores y a la naturaleza de las formas, además de educar profundamente mi intuición con todo ello y, sobre todo, educar mi capacidad de observación, facultad imprescindible para todo buen fotógrafo (y, como no, para todo buen terapeuta...).

El fruto de mi intenso trabajo con la fotografía, el arte y posteriormente con la Medicina China y diversas terapias complementarias es, creo yo, la Geocromoterapia, esta nueva y extraordinaria herramienta de sanación y de autoconocimiento. El resultado de lo que he recibido hasta ahora, de lo mucho que he recogido y de lo que he podido integrar, a través de estas disciplinas aparentemente tan distintas (siempre digo que, en el fondo, toda mi vida he trabajado con "la luz", antes, positivando de los "negativos" fotográficos, ahora, positivizando el cuerpo y la mente de las personas...), el resultado de todo ello, deseo presentarlo ahora con la creación de este nuevo método y con el presente ensayo o pequeña síntesis conceptual. Ofrecerlo a las personas en general y a los profesionales, no sólo de la medicina sino de todas las ramas del arte, individuos intuitivamente conscientes del gran potencial escondido en la luz y en la geometría, frecuencias del Universo y de la Vida misma.

Al escribir este libro me ha sido imposible olvidar que soy acupuntora y artista a la vez, es decir que mi mente funciona en base a estos y a muchos otros datos más, adquiridos durante medio siglo, integrando así y entrelazando, varios conceptos simultáneamente a lo largo de todo el libro; con ello quiero decir que nadie se confunda en la lectura respecto a los pequeños comentarios sobre Geocromoterapia o Acupuntura. No es en absoluto necesario conocer los principios de la Medicina China para poder entender los principios del método Geocrom; como tampoco es en absoluto necesario ser artista ni dedicarse a la estética, a la arquitectura o a la fotografía, para poder apreciar los distintos valores de la luz, del color y de las formas. Simplemente sucede (como sucede siempre) que, durante la plasmación de toda la obra, ha ido surgiendo el substrato de mi formación y la natural integración de los diversos conocimientos adquiridos, como ocurre con muchos otros autores.

Bien podría decirse que este libro es tan sólo un primer impulso, un primer paso para, a posteriori, seguir investigando en profundidad sobre el poder medicinal que poseen la luz y la geometría (de hecho, "el color" es hijo de "la luz", su manifestación). La investigación profunda y exhaustiva que debería seguir a esta publicación, a mi entender recorrería dos caminos distintos. Uno de los campos de investigación podría ser, el que ahora tan solo acabo de iniciar realizando este libro, es decir el análisis comparativo y la reflexión sobre estos tres conceptos equilibradores (o potenciales supuestamente curativos), desde los puntos de vista filosófico, científico, histórico, cultural, espiritual y metafísico, pero haciéndolo con mucha más profundidad y extensión, diseccionando cada concepto hasta dejarlo desnudo, pero completo.

El otro camino, a mi entender imprescindible, es el de la experimentación. Si siempre nos dedicamos a intelectualizar los principios luz-color-geometría, pero nunca los vivenciamos sobre nuestra piel y sobre nuestra alma, jamás sabremos si realmente poseen efectos modificadores sobre nuestra salud y sobre nuestra conducta. De hecho, este segundo camino totalmente empírico de investigación es el que vengo haciendo en mi consulta desde hace tiempo.

La utilización de estos tres factores, luz-color-forma, simultáneamente proyectados sobre las personas y sobre sus viviendas, han dado, hasta el momento, resultados suficientemente válidos y positivos en centenares de individuos, con diferentes patologías psico-físicas, como para seguir investigando en su aspecto de utilidad y de evolución. Si además de mi experimentación y la de otros terapeutas, existiera una buena predisposición por parte de científicos, psicólogos y entidades de apoyo, los resultados experimentales podrían ser de gran ayuda para la humanidad.

Antes de entrar de lleno en la reflexión sobre los valores, o el poder de lo que es aparentemente invisible pero que actúa en nosotros, y exponer brevemente la Geocromoterapia, me gustaría por un momento afrontar lo intangible e intentar definir de un modo general lo que llamamos "energía", puesto que a lo largo del libro hablaré mucho sobre ella desde diferentes puntos de vista y será el valor principal y conductor.

Existe un Cosmos no material; al menos no visible. Denso o no denso. Es un Cosmos que contiene en sí mismo una substancia formativa, a la que podríamos llamar, según preferencias y culturas, campo vital, esencia, orgón, éter, prana, espíritu, Chi, campo electromagnético, energía vital, Ki, o como queramos. Lo único que sabemos es que esta intangible substancia formativa, "interconecta" a todos los seres, todas las atmósferas, todos los elementos, todos los espacios intercelulares, todas las cargas eléctricas, todos los pensamientos individuales o grupales. A este campo vital de comunicación yo lo llamo el Tejido Conectivo Espacial. De la misma manera que el colágeno es la principal proteína de soporte del tejido conectivo animal y humano, así también esta energía cósmica, este campo vital lleno de información, nos conecta entre sí, a todos los seres del Universo y nos interrelaciona mutuamente.

De ahí que la estructura y el funcionamiento del Macrocosmos se reproduzca con gran exactitud en el Microcosmos. Pero eso no creo que ocurra discriminadamente, sólo en el mundo de la materia. De la misma manera, cualquier acción, comportamiento o pensamiento del más minúsculo ser del Universo, afecta a toda la Creación. De hecho, el ya clásico principio de Biofeedback, o de "retroalimentación", está basado en este mismo principio, que dice: "El estado futuro de un ente depende, no sólo de su propio presente, sino también del estado de los entes que le rodean".

También el concepto Holográfico contiene la misma premisa existencial. El principio en que se basa un holograma también nos demuestra que "cualquier parte contiene la información del Todo"; si rompiéramos en mil pedazos una simple fotografía holográfica, donde vemos la imagen en tres dimensiones, una flor por ejemplo (vale la pena hacer el experimento, puesto que hoy estas fotografías holográficas son fácilmente asequibles), podremos ver que cada uno de los trozos del cristal contiene la imagen "entera" de la flor, y no sólo una parte de ella. La información del Todo está en cada una de sus partes, y eso, naturalmente, también ocurre en el Ser Humano.

La mente, la inteligencia y la consciencia misma,
están entrelazadas en el tejido del universo,
como partes integrales de su acontecer.
GREGORY BATESON

SINTESIS DE LA GEOCROMOTERAPIA

Sitúo este capítulo aquí, en segundo lugar, porque ha sido el desarrollo del sistema de la Geocromoterapia en sí mismo el que ha puesto en marcha el motor que me ha conducido a realizar el estudio sobre la Luz, el Color y la Geometría. Propongo la lectura de esta breve síntesis, tan sólo a título de información, a aquellas personas interesadas en dicho sistema, antes de introducirnos en la materia del libro.

La Geocromoterapia es un método corrector de la información celular, psíquica y espiritual, en base a un principio holístico, con finalidades preventivas, equilibradoras y evolutivas para el Ser Humano. Este sistema está basado en los potenciales energéticos de la GEOMETRÍA, del COLOR y de la LUZ. La combinación de estos tres factores de alta vibración, usados simultáneamente, a través de los filtros Geocrom que se describen a continuación, constituye una terapéutica de gran eficacia.

La principal acción de la Geocromoterapia es el cambio o la corrección de la información patológica de la persona y la creación correspondiente de un nuevo código en el comportamiento celular, psicoemocional y ambiental. Las principales aplicaciones de los filtros Geocrom son en primer lugar, para el tratamiento terapéutico, físico y mental, del Ser Humano. Existen hoy en día (2023) 77 filtros o arquetipos geométricos de color para la salud y la evolución.

En segundo lugar, existen otro tipo de filtros Geocrom, concretamente 28 filtros diferentes, para la corrección del hábitat; que son utilizados para la armonización arquitectónica, edificios patológicos o espacios conflictivos energéticamente, modulación de geopatías y, en general, para neutralizar los conflictos psico-atmosféricos de los ambientes donde habitamos o trabajamos. Los filtros de color están realizados con gelatinas de policarbonato y troquelados en base a diferentes formas geométricas de proporciones áureas, calculadas bajo una constante matemática.

En este nuevo sistema corrector de información, la forma geométrica actúa como un patrón o esquema de las realidades ordenadas del Cosmos. Cada onda de forma del filtro es un arquetipo condensador y modulador, que aporta un mensaje de equilibrio, un código universal de comportamiento armónico, que se traducen en el cuerpo y en el alma del ser Humano, como patrones orgánicos y psíquicos de salud y armonía. Simultáneamente, la onda cromática del filtro, cuando incide y penetra en la materia, también la modifica y la equilibra, según sean las características propias y la frecuencia del color aplicado. En tercer lugar, la luz blanca (o vehículo), con la que se proyectan los filtros, activa cada uno de los arquetipos o filtros geométricos de color transparente, trasladando al Ser Humano o a su hábitat, la información necesaria para su equilibrio y bienestar.

Conceptualmente, el poder vibratorio y terapéutico del COLOR es ya conocido y aplicado en diversas cromoterapias de tipo vibracional y psicoemocional, algunas más efectivas que otras. Cada uno de los colores vibra en una longitud de onda y con una intensidad y una frecuencia determinada, penetrando en la materia o substrato (materia orgánica o bien etérica, es decir, más densa o menos densa) de una forma específica según las distintas propiedades de cada color. Por tanto, el color modifica dicho substrato, según sea la función o acción característica de cada onda cromática y sintoniza las moléculas en aquella misma frecuencia. Por ejemplo, cuanto más corta es la longitud de onda, más alta es la frecuencia, así aparecen los colores azulados, cuyas propiedades sobre nosotros son calmantes, relajantes, diseminantes, frías y espirituales. En cuanto más larga es la longitud de onda, más baja es la frecuencia, lo que genera la gama de tonos rojizos (según percibe el ojo humano), cuyas características son las de calentar, tonificar, excitar, activar y promover.

Del poder de la FORMA, los signos y los símbolos, se ha hablado y escrito extensamente durante siglos y se puede obtener bastante información, especialmente con el estudio de la filosofía hermética; sin embargo, estas filosofías siempre tienden a manifestar formas geométricas complejas como exagramas, cruces, pentagramas, serpientes, etc. que son representadas por estrellas, signos y dibujos de extensa simbología, generalmente enmarcadas en el tiempo.

Para la Geocromoterapia, se han utilizado las formas geométricas de los polígonos simples y planos (por ejemplo, un polígono "exágono", no un exagrama estrellado), sin demasiadas implicaciones simbólicas o culturales. Es decir, se ha considerado que cada polígono es en sí mismo es un CODIGO universal, o un patrón armónico que contiene un gran poder de orden, de equilibrio y de transformación evolutiva. Pitágoras fue quizá el más grande investigador de las formas geométricas y de la matemática conceptual; la Tetraktys Pitagórica (1+2+3+4=10) sintetiza una profunda filosofía de poder, de curación y de evolución espiritual.

Sea como fuere, cada polígono geométrico tiene una onda de forma y posee una profunda información. Cada forma geométrica, combinada con un color de luz, representa un tipo de código, un lenguaje, con una serie de contenidos u órdenes implícitas, que dan paso a ciertas modificaciones en el campo energético de los seres vivos y de los espacios en que nos movemos. Para comprender con nuestra mente racional el poder equilibrador de la Geometría Sagrada, creo que hoy se tendría que investigar muy a fondo, no tanto en la cultura esotérica, sino buscando analogías en los diseños geométricos de la propia naturaleza y en la geometría implícita de los elementos precipitados y en las cristalizaciones, así como, y especialmente, en la estructura del ADN, en el acoplamiento de los antígenos, de los anticuerpos y en ciertas proteínas complejas.

En definitiva, cada filtro Geocrom, cada forma geométrica de color es un arquetipo que posee una gran cantidad de información, que tiene la capacidad de contenerla o almacenarla en un espacio reducido y finalmente hacerla disponible en un momento dado, para modular ciertas frecuencias y armonizar el Ser Humano.

EL PODER EQUILIBRADOR

En el fondo, todo se reduce a una cuestión de polaridades. Siempre se trata del poder del equilibrio. Cuando algo, bien sea por dentro o a nuestro alrededor, se desequilibra, las cosas no marchan bien. En el fondo, lo que el hombre ha tratado de hacer, desde que empezó a razonar, es poner en equilibrio todas las fuerzas que se generan en su entorno, para su propio beneficio y bienestar, equilibrando y manteniendo su estado de salud, su economía, sus necesidades de aprendizaje y de realización. Cuando el cielo no regala sus aguas a la tierra, el hombre debe regar para mantener en equilibrio su agricultura y, por tanto, su supervivencia. Cuando el ser humano recién nacido no sabe aún masticar, plantar, comprar o cocinar, debe haber alguien que supla y equilibre esta ausencia de hábitos para asegurar la vida de esa criatura. Cuando nuestro cuerpo o nuestra alma enferman, cuando se desequilibran nuestras células, nuestra fuerza vital o nuestras emociones, no nos quedamos impasibles; buscamos de inmediato la mejor solución (y por diferentes caminos) para recuperar nuestro estado de felicidad.

En cualquier caso, se pone en marcha un mecanismo equilibrador. Ese poder equilibrador parece ser inherente a la naturaleza, en cualquiera de sus reinos. El reino humano también tiene inherente a su consciencia un "sentido" del equilibrio, permanentemente activo. Él sabe cuándo está bien su cuerpo y su alma, y cuando no lo está. Él sabe cuándo un color o una forma le place y le equilibra y cuando no. El hombre, en su interior, sabe cuándo los agentes actuantes de su campo exterior le están equilibrando y cuando lo desarmonizan.

En el ser humano hay una sabiduría que va mucho más allá del pensamiento racional. Ninguna célula de nuestro cuerpo nos pide permiso, ni requiere ninguna reflexión, para cumplir sus funciones vitales. Se trata de una sabiduría automática; sólo se trata de "subir el volumen de nuestra intuición" y educar nuestras inmensas posibilidades de percepción.

Comprender en profundidad ese manantial de fuerza y sabiduría inherente a todo ser vivo, entender el poder vital que duerme dentro de cada molécula, de cada sistema y de cada pensamiento, ha sido siempre el gran reto del hombre. Y comprender el mecanismo de funcionamiento de algo que no ha sido diseñado por nosotros, requiere un esfuerzo sobrehumano. Deberíamos vibrar a una frecuencia muchísimo más alta para entenderlo y asumirlo. Mientras no vibraba en esa deseada frecuencia, el ser humano se ha dedicado durante siglos a dar varias hipótesis para explicarse el sentido de la vida.

De todas las percepciones y las diferentes hipótesis que el hombre ha generado a lo largo de la Historia, han surgido las diferentes disciplinas que hoy existen y estudiamos. Una de tantas disciplinas que explican la vida y su mantenimiento es "la Medicina" y todos los enfoques terapéuticos que hoy existen. Sin embargo, nacer en China, en África o en Europa, aporta unos conocimientos muy distintos al cómo mantener nuestra vida en perfecto estado de salud.

Tal vez si tratáramos de ver al ser humano como tal, sin raza ni cultura, o sea, como un ser vivo perteneciente a uno de los cuatro reinos que conviven en este planeta, quién sabe si podríamos descubrir algo más trascendente respecto a su salud y a su forma de equilibrarla. Me refiero a que, más allá de intentar curar a través de una disciplina u otra, quizá deberíamos vincular al hombre con el cosmos. Por pertenecer al reino más perfeccionado de la Tierra, y teniendo en cuenta la gran capacidad de manipulación material y mental que posee, quizá no es tan descabellado suponer que su mente tiene más de cósmica que de telúrica; dicho de otro modo: que el funcionamiento de su mente y sus emociones tiene una connotación más etérica, que material y orgánica.

Y si el hombre posee ciertos mecanismos internos que parece que no están muy relacionados con la materia (o no impulsados desde ella), o bien que funcionan en base a otros parámetros que pertenecen a otras dimensiones, resultaría que todas las controversias existentes respecto a cómo equilibrar sus mecanismos físicos, no serían válidas, o lo serían sólo en parte, pero de todos modos no acabarían de satisfacer sus necesidades de salud y de felicidad. Y eso es lo que ocurre. Los diferentes estilos de medicina no acaban de satisfacer al hombre. A todos les falta algo. No existe ninguna medicina que lo cure todo; no hay una que sea "la mejor", por muchos medios que se hayan puesto para su desarrollo, o por muchos siglos que lleve practicándose. Donde no llega la alopatía-psicología, llega la homeopatía; donde no llega la psicología, llega la acupuntura; donde no llega el quiromasaje, llega la medicina espagírica, y así podríamos nombrar un sinfín de métodos medicinales, más antiguos o más innovadores, que más allá de las diferencias, de hecho, son complementarios. O deberían serlo, aunque la sociedad los contemple en términos de competencia o en términos de legalidad establecida.

Para incluir al Cosmos dentro de los parámetros de salud, debemos asumir, en primer lugar, que trabajaremos con "lo invisible". Es decir que no deberíamos partir de los conceptos de ciencia desarrollados durante los últimos siglos, más bien de corte mecanicista; por tanto, no esperaremos ver con nuestros ojos físicos los resultados de las investigaciones. Creo que ya ha llegado el momento de trascender el concepto de una ciencia basada en datos, fórmulas y estadísticas. Eso ya no satisface profundamente al hombre y no nos proporciona las respuestas que realmente necesitamos. Deberíamos intentar encontrar la explicación de la "realidad" a través de los hechos, no sólo a través de los estudios. Intentar utilizar todos los mecanismos de percepción que poseemos y no solo la mente racional.

Mi sensación es que ahora, ya, necesitamos apoyarnos en una ciencia real, biológica y experimental; es decir, una ciencia "viva", donde la experimentación directa, real, empírica, completa y no parcial, nos ayude a encontrar la Unidad de todo lo que nos rodea. Una ciencia que nos conduzca a trascender la dualidad. ¿Pero qué significa una ciencia viva? No sólo lo dicho hasta ahora, sino que lleva implícito un acto de rendición por parte del hombre investigador. Un reconocimiento de que "no todo puede ser visto ni cuantificado", pero sabemos que existe por sus efectos reales. Del mismo modo que no podemos ver la electricidad en sí misma, o las ondas de radio o TV y, sin embargo, vemos sus efectos y nos beneficiamos de ellos. O de la misma manera que no podemos ver en un microscopio cómo actúa una oración, por ejemplo, pero sabemos que cuando rezamos o meditamos profundamente, luego nos sentimos muchísimo mejor que antes. ¿Cómo mediríamos los cambios biológicos que se han producido en nosotros con esta oración? Sin embargo "experimentamos" que alguna reacción bioquímica se ha producido con aquella oración o meditación, puesto que el dolor, por ejemplo, ha disminuido, o la ansiedad y tristeza se han transformado en paz interior. ¿Cuándo y dónde se produjo la transmutación?

Si decidimos que podemos trabajar con lo invisible, aunque experimentable, teniendo en cuenta y respetando cierto tipo de fuerzas incorpóreas, debemos empezar a aprender muchas cosas sobre el Universo. Quizá ha llegado el momento de trascender la observación de la naturaleza, dejar los microscopios por el momento, y subir la cabeza. Mirar hacia arriba. O mirar hacia dentro; ya no hacia afuera. Observar nuestra mente; contemplar, como espectadores, nuestros mecanismos emocionales y todas las consecuencias que de ello se derivan. Empezar a observar el silencio y la nada.

No se trata tanto de abandonar el estudio de la naturaleza, interna o externa, sino de darse cuenta realmente que existen "otros factores" que nos influyen, más allá de las plantas, de la química, del sol, más allá de lo perceptible. Son factores tan sutiles que hasta ahora habían sido ignorados. ¿Cómo influye, por ejemplo, el pensamiento de otras personas en nuestra salud?, ¿cómo incide en nuestro equilibrio psico-físico la luz, o un hecho tan simple como el de habitar en un lugar iluminado con un tipo de luz fría y expandida, o bien en un lugar con luz cálida, baja y puntual?, ¿qué es exactamente la Luz? ¿Influye el color sobre nuestras células?, ¿por qué un determinado cuadro nos provoca una alteración o rechazo o por qué nos armoniza el contemplarlo?, ¿cómo se creó la primera "forma" del universo?, ¿cómo nos afectan los ruidos, la música o el sonido en general?, ¿cómo es que en primavera y verano, cuando recibimos 15 horas de luz al día, estamos mucho menos enfermos que en invierno, que sólo nos alimentamos de unas pocas horas de luz por la mañana?

¿Está realmente como vacío y muerto el Universo? ¿Hay algo más que materia medible en él? ¿Existen en la inmensidad del Cosmos ciertas fuerzas o entes (hasta ahora llamados espirituales) que nos influencian a cada uno de nosotros?, ¿existe un vínculo entre nuestro estado de salud y nuestro proceso de aprendizaje o evolución espiritual? ¿Por qué al ser humano le produce tanto miedo integrar los conceptos espirituales a los conceptos científicos? De hecho, hay miles de preguntas que nos aclararían profundamente el concepto de salud y nos ayudarían a entender nuestra relación con el universo cósmico.

Mi intención es solamente poner sobre la mesa algunas preguntas sencillas, o por lo menos muy frecuentes, en parte para ver cómo han sido contestadas por diferentes personas a lo largo de los siglos. A través de estas diferentes percepciones de la realidad, podremos quizás atar cabos y comprender algo mejor este motor que mueve el Cosmos y a nosotros mismos. A través de los diferentes estudios e interpretaciones de la realidad, tal vez podamos unificar un criterio sobre ella, un criterio ni oriental ni occidental, ni científico ni espiritual, ni esotérico ni ortodoxo, ni cósmico ni terrenal.

Con la arcilla moldeamos un cuenco
pero el contenido se sostiene en el vacío del interior.
LAO TSÉ

LA ENERGIA INVISIBLE

Puesto que lo que llamamos realidad va mucho más allá de lo visible, intentemos abordar lo invisible. Si decimos que debemos entender lo invisible para comprender la realidad visible, empecemos por revisar la muy nombrada palabra "Energía" que, más allá de las definiciones de los físicos, es un concepto que actualmente se maneja a diario en diferentes ámbitos laborales y privados.

A esa fuerza, no visible con nuestro sistema óptico (pero que hace que la vida exista), se le ha dado diferentes nombres en diferentes partes del mundo y en distintas épocas. A menudo en Occidente, especialmente entre los naturistas, se la ha llamado "energía vital"; muy a menudo fue llamada "éter" y también "orgón". En la India la llaman "Prana"; de China nos viene el término "Chi" (traducción sonora que en adelante escribiré "Qi") que resulta ser el mismo concepto que el Ki japonés. Todas esas palabras definen un mismo concepto. En realidad, llamémosle como le llamemos, lo que nos interesa es conocer la naturaleza de esa energía, de ese insondable Qi que circula por los meridianos, el por qué esa energía vital está siempre en funcionamiento y qué es lo que mueve y cómo lo mueve. Dejemos de momento la pregunta de "quién es el que la mueve" o de dónde procede "el motor" que engendra a un ser vivo.

Quizá la más contundente definición de Energía Vital la dio el Dr. Hahnemann al decir que "es la fuerza dinámica que distingue a un cadáver de un ser humano". El padre de la medicina homeopática no se conformó con tal definición, sino que especificó alguna de sus cualidades: "La energía vital gobierna con poder ilimitado y conserva todas las partes del organismo en admirable y armoniosa operación vital, tanto en las sensaciones como en las funciones". Realmente sólo podemos conocer esa fuerza, ese Qi, por sus cualidades, de la misma manera que conocemos el magnetismo, la gravedad y la electricidad, entre otras. Como bien dice George Vithoulkas: "la electricidad es un movimiento de electrones, pero no sabemos nada sobre la fuerza que hace posible ese movimiento". De la misma forma que se ha experimentado durante cuatro mil años los efectos de la circulación de la energía por los distintos meridianos, pero muy poco se ha escrito sobre la naturaleza de ese Qi que circula a través de ellos.

Por tanto, vamos a centrarnos en lo que sí conocemos experimentalmente, y que todos nosotros observamos y vivimos de una forma cotidiana y empírica. Estableciendo una relación de las cualidades de la Energía Vital podemos decir que:

1) Está dotada de una inteligencia "formadora"; genera formas: los seres vivos. Por tanto, el Qi actúa inteligentemente. Incluso podría decirse que con esa inteligencia establece una economía en el organismo; cuando una persona está realmente sana, no tiene ningún exceso de Qi, ni una obstrucción o una disminución de energía; cuando esa "economía" energética se desequilibra, la persona enferma.

2) La Energía Vital, por naturaleza "siempre" es constructiva; mantiene el organismo en continua construcción y reconstrucción. Cuando no lo hace, cuando la energía abandona el cuerpo, esa fuerza se vuelve destructiva.

3) Domina y controla el cuerpo que ocupa. Es autosuficiente, y ese continuo dominio lo hace automáticamente; no pide permiso para actuar. La energía dirige al ser vivo.

4) Sin embargo es influenciable. La fuerza vital está sometida a cambios de diversa índole, bien sean internos del propio ser vivo (procesos psico-emocionales, etc.) o bien sean cambios o influencias provenientes del exterior o entorno. Es decir: la energía vital puede fluir ordenada o desordenadamente, produciendo bienestar o malestar.

5) Tiene una gran capacidad de adaptación al entorno, lo que un organismo muerto no puede hacer. Al adaptarse al frío, calor, humedad, ruido, toxicidad, etc., hace que el ser vivo se mantenga en un cierto equilibrio.

Podríamos incluso sofisticar más la observación y encontrar aun más cualidades inherentes a esa Energía que nos da la vida; aunque sólo con esas cualidades descritas quizá debería bastarnos para respetarla y cuidarla. Uno de los fragmentos más bellos que leí sobre el Qi, fue escrito en 1983 por Luis Racionero en su libro "Textos de estética taoísta": Quien desee captar el Chi de todas las cosas, debe penetrar bajo los aspectos superficiales, captar y ser poseído a la vez por el ritmo vital del espíritu... Contemplemos una rosa; mirémosla atentamente parando todos los ruidos de la mente; poco a poco el espacio entre la rosa y la persona desaparecerá; con él se irá el Yo, la dualidad sujeto-objeto, y sólo quedará el fenómeno de la percepción hombre-rosa, percibiéndose a sí mismo. Entonces, dicen los taoístas, el Chi está pasando.

Pero sigamos investigando el poder de lo invisible, ya no desde la clasificación médica ni mística de lo que llamamos Energía. Hablemos de la mente. Multitud de autores dicen hoy que el poder de nuestro pensamiento puede llegar a materializar. De hecho, lo hace cada día. Durante siglos hemos visto la infinidad de "cosas" y hechos, que son producto de ciertas "ideas" mentales, bien sean políticas, religiosas, publicitarias, modas, costumbres, etc. Un pensamiento, bien claro y bien dirigido, puede llegar a tener un poder de ejecución y de materialización enorme.

Sabemos bien de los resultados "tangibles" que se produjeron a través del nazismo, del capitalismo, del comunismo, del cristianismo, islamismo, hinduismo o budismo, entre otros movimientos ideológicos. Tampoco es preciso tener una visión tan amplia, si eso nos produce vértigo; podemos simplemente observar el poder fáctico que tiene un anuncio televisado, o el efecto de la opinión de nuestro vecino sobre algo referente a ti; si el vecino en cuestión está emitiendo pensamientos positivos sobre ti, te sentirás tranquilo y armónico; por el contrario, si emite una crítica constante y más bien negativa sobre ti, te encontrarás incómodo, como si se intercalara una "interferencia" en tu campo de acción, en tu estado emocional, etc.

Desde hace un cuarto de siglo aproximadamente, son ya centenares las mujeres o los hombres que nos están recalcando en continuas ediciones y seminarios, el gran poder ejecutivo del pensamiento. Aunque, con mayor o menor difusión, han sido muchos los que han profundizado sobre el tema, quizá los más conocidos internacionalmente son Louise L. Hay, W. Dyer, Og Mandino (por poner sólo tres escritores actuales, con gran poder de convocatoria). Estos seres, nos guste más o menos su lenguaje o su estilo, están cumpliendo, a mi entender, una labor muy importante en el planeta: concienciar al mundo de que el pensamiento es fáctico. Que la mente tiene un poder ilimitado. Y lo que a mí me parece más importante desde el punto de vista terapéutico: que debemos "educar" y dirigir el pensamiento. Estos autores hablan sin cesar del pensamiento positivo como única herramienta de bienestar y evolución.

¿De qué están hablando esos centenares de libros? De algo que nos resulta invisible: ni cuantificable ni medible. Del poder de unas emisiones energéticas, rayos u ondas cerebrales, que se emiten desde nuestro interior a nuestro exterior; esas ondas "consiguen" cosas; realizan. Cambian un estado de ánimo, curan una pequeña úlcera o un cáncer, consiguen un cambio de trabajo o una fortuna, etc. Es decir, cambian la realidad presente y modifican la materia. Podría decirse que la mente es, de por sí, alquímica; con poder de transmutación.

Recordemos, todo eso puede hacerlo el poder de una fuerza invisible: el pensamiento; sin embargo, los resultados de esa energía son evidentes y tangibles. Las ondas cerebrales alfa, beta, delta y theta, ya están estudiadas y más o menos explicadas, pero aún no se conoce el mecanismo a través del cual llegan a crear un pensamiento negativo o positivo, y menos aún, cómo inciden en nuestra realidad orgánica y material, cambiándola de sentido.

En otros capítulos, cuando interese profundizar sobre la naturaleza de la luz, del color, de la polaridad, de la electricidad, de la relación yin-yang, etc., veremos otras fuerzas que nos influyen enormemente, aunque quizá algunas sean más cuantificables que la fuerza del pensamiento. A donde intento ir es a averiguar si además de todas esas fuerzas, que en general no vemos, pero sentimos, existen también otras fuerzas, de otras frecuencias, más sutiles tal vez, sin nombre aun, más abstractas que las matemáticas, geométricas, quizá pertenecientes a otras dimensiones más elevadas, pero con las cuales podemos conectar. Esas fuerzas, a las que de momento llamamos cósmicas, ¿cómo actúan?, ¿influyen en nuestra salud?, ¿nuestra evolución espiritual depende en parte de ellas? La intención de estas premisas y de diversos estudios que sintetizaré seguidamente, es la de unificar unos criterios establecidos por el hombre racional, con otros criterios de tipo espiritual y de algún modo recibidos de otros planos; algunos canalizados por seres conectados al cosmos o por personas con unas facultades extrasensoriales más desarrolladas de lo común.

En todo caso, el poder curador o equilibrador de las formas geométricas, en las que se basa el método de los filtros Geocrom, se explicaría a partir de enfoques más espirituales o cósmicos que racionales. Aunque Pitágoras, Platón y otros sabios de la Antigüedad ya hablaban de la Geometría Sagrada desde el punto de vista sanador, yo creo que podemos enriquecernos si asociamos varios conceptos a la vez. No desearía despreciar ningún enfoque (de los que yo conozco hasta ahora, claro está) que nos pueda aportar datos y expansión de consciencia y, en definitiva, que nos ayude a comprender el porqué de la utilización de las formas para equilibrar nuestra salud.

Revisaremos conceptos de arte y de estética, teorías científicas actuales, el mundo de las magnitudes y los números en relación a la geometría, enfoques teosóficos, etc. De todas maneras, siempre es mejor construir un edificio desde la base. Antes de entrar en el misterioso poder de la Geometría, creo interesante mencionar una serie de conceptos menos abstractos y más familiares, exponiendo y relacionando varios puntos referentes al poder de la Luz (otra de las claves del funcionamiento de la Geocromoterapia) y lo que de ella se deriva: el Color.

Nuestra energía personal, la consciencia,
puede entrar en relación armónica
con esas otras energías del mundo,
en una relación coherente
entre la identidad personal y la identidad cósmica.
PABLO PALAZUELO

ELECTRICIDAD Y POLARIDAD

Para el hombre de épocas pasadas, la materia no era, ni por su concepto ni por su experimentación, lo que ahora es para el hombre actual. No se trata de que aquellos hombres no fueran "lógicos", puesto que las leyes físicas eran las mismas que hoy; el fuego calentaba igual que ahora, las piedras eran también duras y las estaciones se sucedían lo mismo que ahora. Lo que sucedía es que el hombre antiguo percibía todas las cosas no sólo con su mente, sino con una extensa gama de experiencias sensoriales, que le conducían a considerar realidades de otra índole, además de las racionalmente deducibles. Entonces la materia no era considerada completamente separada del espíritu, como ocurre ahora. Desde el mecanicismo desarrollado específicamente por Descartes, espíritu y materia han sido dos realidades separadas entre sí. A partir de aquella época, el mundo de la materia quedó definitivamente despojado de todo su contenido espiritual y esencial. Sin embargo, un precursor filosófico antiguo había influido de forma importante en ese sentido: Aristóteles cambió en cierto sentido el rumbo de la Historia cuando postuló la primera separación entre materia y mente al decir: "El hombre es un ANIMAL RACIONAL".

Sin embargo, ahora, una minoría creciente de seres humanos, intentamos recuperar el concepto de esencia y espíritu, inherente a toda substancia visible. Para civilizaciones anteriores, el concepto de materia contenía en sí mismo dos orígenes: uno activo: el Cielo, el hombre, el creador, yang; y otro pasivo: la Tierra, la mujer, madre y nutriente. Esta Philosophia Perennis de los dos orígenes, cielo y tierra, activo y pasivo, espíritu y materia, yin-yang, filosofía común tanto en Oriente como en Occidente, desapareció cuando irrumpió el racionalismo y el materialismo. Pero la materia nunca ha estado separada del espíritu, sino que es su complemento indispensable; y siempre tiene dos manifestaciones simultáneamente: cuantitativa y cualitativa.

Con el racionalismo los hombres nos hemos centrado casi en exclusiva en el aspecto cuantificable y medible de la realidad, pero toda realidad material tiene un aspecto cualitativo. Una ciencia o visión de la vida, que se fundamente sólo en el análisis cuantitativo y nunca se predisponga a contemplar y sentir, necesariamente ignorará la esencia cualitativa de las cosas. Esa clásica diferenciación polar de la realidad, materia-espíritu simultáneamente, lo cuantitativo y cualitativo a la vez, no es una diferenciación que se limita a dividir o descomponer, sino que nos presenta las dos partes como mutuamente complementarias; nos presenta el aspecto unitario de la dualidad.

Cuando hablamos de dos polos y de complementariedad, hablamos de polaridad. En el lenguaje de nuestra física, podemos estudiar este aspecto dual en el principio de electricidad y de la polaridad de todo fenómeno orgánico e inorgánico. Esos dos polos en que se presenta toda substancia o energía, también está muy bien representado por la Teoría Yin Yang, en la cual se fundamenta la Medicina China. Si contemplamos estos conceptos y comprendemos los aspectos cuantificables y medibles de la realidad, podremos entrar a revisar los aspectos cualitativos de la materia y su contenido metafísico y espiritual.

Por el momento, revisemos desde una perspectiva puramente orgánica cómo funciona y actúa una célula. Existe un gran paralelismo entre una célula y un transistor, por ejemplo, desde el punto de vista eléctrico. Un transistor es como un bocadillo de tres elementos en los que dos de ellos tienen una polaridad y el elemento central tiene la polaridad contraria. La membrana de una célula está formada por dos capas de lípidos de polaridad negativa y una proteína central, de polaridad positiva. Las proteínas y los fosfolípidos son elementos con una base de carbono; la diferencia entre ellos está en que las proteínas tienen un nitrógeno y los lípidos tienen un fósforo y cada uno de ellos tiene una polaridad distinta. Así, la célula tiene en su núcleo una carga negativa, y en el citoplasma está el polo positivo.

Según la ley universal de "ahorro de energía" (una sabia ley que, si observamos atentamente, es constante en la naturaleza), la membrana celular tiene varias funciones: en primer lugar, mantener su forma exterior; en segundo, la membrana permite que ciertos elementos entren y salgan; y, en tercer lugar, la membrana celular permite que la total integridad de la célula se "comunique" con el exterior y reciba la información (una inducción eléctrica, o un estímulo, como puede serlo un arquetipo); una información que le permitirá saber qué es lo que tiene que hacer. Al igual que un transistor, la célula recibe señales del exterior.

Desde el punto de vista electroquímico, la membrana celular actúa como un amplificador de señales. En el exterior de esta célula hay una serie de elementos, disueltos en el plasma, con una actividad eléctrica importante. De la misma forma que un aparato de radio, la célula está preparada para recibir todas las ondas que hay a su alrededor, pero sólo va a seleccionar y a poner en funcionamiento una de ellas: aquella onda que entre en resonancia con su fuerza y su carga específica y funcional. Entre miles de átomos, moléculas, hormonas, oligoelementos, etc., solamente entrará en resonancia ante uno de ellos. Y la membrana cumple su función de amplificar la señal, la cual pasa por una molécula mensajera; esta molécula llega hasta el ADN del núcleo, llevando el mensaje del exterior. El gasto energético de la célula en cuestión lo aportan las mitocondrias, que vienen a ser como las "pilas" de la célula. Estas mitocondrias aportan energía allí donde se necesite: energía para ser usada en la lectura del ADN, energía para iniciar la replicación celular, o energía para ampliar el mensaje que llega desde la membrana, etc.

Según los principios establecidos por Hermes (más adelante detallaré las siete leyes), todo en la naturaleza es polar y esta ley se cumple eternamente en el Universo. Así podemos comprender que también las moléculas tengan polaridad. Tanto las moléculas orgánicas como las de los objetos inorgánicos desde el punto de vista físico, el organismo es un fenómeno fundamentalmente eléctrico, a nivel micro y a nivel macro; el cuerpo entero también tiene unas zonas en sí de carga + y otras de carga - . En el método terapéutico llamado "Balance Polar", se considera que el polo - en una persona, está situado en el hipotálamo, y el polo + en la pelvis, al nivel del plexo sacro. también en Medicina China el cuerpo tiene unas zonas más Yang o más Yin respecto al resto; por ejemplo, la espalda es Yang respecto al tórax Yin; la cabeza es Yang respecto a los pies; incluso en un miembro, la parte externa es Yang respecto a la parte interna del mismo miembro, que se considera Yin.

Todo circuito eléctrico se establece en base a una polaridad. Si no hubiera dos polaridades no habría diferencia de potencial. Si no hay esta diferencia, no existe el paso de la corriente; y si la corriente no pasa, no hay funcionamiento. Es decir: sin "movimiento" nada existe. En un circuito siempre debe haber un lugar por donde se inicie la corriente y otro por donde salga. En acupuntura ocurre lo mismo. Si calentamos un punto se produce una vasodilatación y por tanto un mayor paso de corriente (o QI). Si tonificamos el punto, allí se produce un polo + y se inicia una corriente. Si lo dispersamos, en aquel punto se produce un polo - y la corriente o el Qi pasa a otros lugares. No es de extrañar la reacción acupuntural al pinchazo, me refiero a lo que los acupuntores llaman la "sensación de Qi". Es una sensación claramente eléctrica. Algo se "mueve" dentro.

Cualquier corriente puede ir de un polo - a un polo + , o al revés; sólo depende de los "gradientes de polaridad", es decir, de las diferencias de concentración de cargas. Esta concentración energética o gradientes de polaridad, es la que permite que la corriente circule de un punto a otro. Cuando en el organismo los gradientes se alteran y la energía se concentra, disminuye, se estanca, o incluso desaparece en una zona del cuerpo, aparecen los síntomas. Siempre aparecerán síntomas en las zonas en que la polaridad está alterada o incluso invertida. En este caso, los procesos orgánicos pierden su capacidad de autocontrol. Pero ¿qué es lo que hace que la polaridad del organismo se altere y aparezca la enfermedad? Puede que la respuesta esté en el tipo de información recibida.

Pero antes de responder a esa comprometida pregunta, debemos revisar también otro tipo de energía relacionada con la energía eléctrica: la energía magnética. De todas maneras, ya que ahora estamos hablando de células, veremos qué papel tiene la piel desde el punto de vista que ahora nos ocupa. La piel del ser humano es el motivo-base de investigación de varios trabajos científicos realizados por muchos autores actuales.

La superficie del cuerpo humano, la piel, puede ser comparada a una antena, la cual amplifica la información recibida desde el exterior, para introducirla al interior del cuerpo. El trabajo publicado por el Dr. Gleditsch en 1983, clarifica este concepto de "exterior-interior" comparando el macrocosmos y el universo con el hombre y sus células. Las células son como los bloques de construcción del habitáculo del hombre: su cuerpo. La piel posee unos órganos sensores que son los mediadores entre la superficie o el mundo exterior y el complejo mundo interno de nuestro ser físico y psíquico. Por supuesto los cinco órganos sensoriales, junto con la piel, también desempeñan este gran papel de comunicación entre el interior y el exterior.

En Medicina China, es justamente la piel la que es utilizada como medio de tratamiento. Tanto en la punción, en la moxación o en el masaje, (y como hemos visto también la radiación y la proyección de color y de forma) sobre la zona de los plexos, el factor común de intervención o, si queremos, de entrada y salida de la corriente de energía, es "la piel". Fisiológicamente la piel es capaz de registrar presión, vibración, temperatura, dolor, placer, escalofrío, emoción, e incluso cercanía; como si fuera un radar, nuestra piel capta la presencia de un agente exterior, sin necesidad de ser visto. Pero lo que es más importante es que lo que registra la piel, con sus sensores, es por encima de todo, información. Con su profunda sensibilidad, la piel se puede considerar la puerta de entrada del mundo exterior hacia el mundo interior del hombre; desde el macrocosmos hacia el microcosmos.

Los problemas no existen para ser resueltos;
son únicamente los polos entre los que se genera
la tensión necesaria para la vida.
HERMAN HESSE

EL MAGNETISMO Y LA FÍSICA
DE LOS ÚLTIMOS SIGLOS

A menudo la Historia nos ayuda a entender muchas cosas, sobre todo referente a la búsqueda interior del hombre, y a sus "circunstancias" durante esa búsqueda. Durante los años 1665 y 66, una peste flageló Inglaterra, haciendo sus peores estragos en Cambridge. Durante ese período Isaac Newton se retiró apaciblemente a su hogar materno de Woolsthorpe. Estos dos años, legendarios para la ciencia, han sido calificados por los historiadores de "Anni Mirabile" por la cantidad de ideas científicas que Newton llegó a concebir durante dicho retiro. Uno de los tantos logros que consiguió fue la concepción y el desarrollo de la Teoría de la Gravedad. Más adelante veremos también que sus investigaciones sobre la naturaleza de la luz fueron claves para nuestro desarrollo tecnológico actual.

Todos los objetos materiales se atraen. Observando desde su jardín la famosa caída de la manzana, Newton vio en ese "movimiento" un paralelismo con una supuesta caída similar de la Luna sobre la Tierra. Pero pensó que si además de caer, la Luna al mismo tiempo se desplazaba lateralmente, en lugar de estrellarse contra nuestro planeta, podría ir manteniéndose más o menos equidistante. Ante esa vaga, pero inspirada, suposición, Newton se dispuso a calcular exhaustivamente los efectos de dichas fuerzas del movimiento. Veinte años más tarde, sus análisis fueron expuestos en sus "Principia" ante los ojos atónitos de sus colegas de Cambridge. En aquel preciso momento del siglo XVII, un modo de pensar y de ver totalmente nuevo, se instauró en Occidente.

La Tierra es una masa (materia) enorme, pero al mismo tiempo es una suma infinita de masas. Todo lo existente en ella, incluida la Tierra misma, atrae a la Luna y a los objetos más cercanos o más lejanos, de forma idéntica, porque cada átomo de la Tierra tiene su propia relación gravitatoria con cada uno de los objetos (Luna o manzana...).

Todos los átomos y partículas de una molécula crean un campo de fuerza y se atraen entre sí; la materia se mantiene en cohesión gracias a esa atracción magnética. Los átomos no son aglomeraciones de materia sino centros de fuerza; por lo tanto, esa fuerza tiene un campo de acción. Eso nos lleva al extraordinario concepto de "campo", cuya acuñación e idea surgió de la mente de otro gran científico (personaje más experimental que teórico) de principios de siglo XIX: Faraday.

Hijo de herrero, Michael Faraday dejó de ir a la escuela justo cuando acababa de aprender a leer, a escribir y algunas nociones de aritmética. Aunque eran pobres en bienes materiales, su familia llevaba una rica vida religiosa que resultó ser una formación profunda y duradera, la cual influenció al joven Faraday en su vida posterior. Sus sentimientos respecto a Dios y a la Naturaleza, su filosofía de vida y de investigación científica y, en fin, su escala de valores, crearon un personaje carismático e interesante. Michael Faraday era una alma sencilla y humilde que investigó desde un punto nada encadenado a la visión materialista de su época, ni se ató jamás a las modas y concepciones de los científicos de entonces. Su carácter, su educación y quizá un don especial, formaron una personalidad verdaderamente crucial para la investigación de la naturaleza de la luz y del electromagnetismo.

A los trece años, Faraday empezó a trabajar como aprendiz de encuadernador; su educación en aquella tienda-taller, fue mucho más allá del oficio, puesto que consagraba todas sus horas libres a la lectura de multitud de libros que caían en sus manos en aquel preciado lugar. Gracias al consentimiento del librero, Faraday empezó a documentarse hasta tal punto que a los 19 años pudo ingresar en la Sociedad Filosófico-Científica de la Ciudad. De esta manera, dispuso de una rica biblioteca y un equipo científico, así como de la oportunidad de escuchar las conferencias semanales de los grandes hombres de ciencia de la época, con lo cual formó su base de estudio y formación científica. Algunos años más tarde Faraday trabajó (por pura "casualidad") como sustituto del ayudante del químico más eminente de Inglaterra.

Pero por su habilidad y su forma de razonar e investigar, destacó de inmediato. Empezó a publicar modestos escritos sobre química. Pronto se interesó e investigó sobre la naturaleza de la luz y del sonido. Dada su convicción religiosa, Faraday creía firmemente en la unidad de la Naturaleza y en la idea de que lo aparentemente desigual, era en realidad lo mismo. Más allá de la dualidad, él sabía ver la unidad en el todo.

Con esta convicción Faraday investigó y profundizó sobre el concepto de "vibración" y se permitió vincular no sólo el sonido y la luz sino también los efectos eléctricos y magnéticos. Emprendió una investigación con la intención de buscar algún tipo de "onda" eléctrica. El descubrimiento de dicho efecto se conoce como "inducción electromagnética". El impacto de su descubrimiento fue rotundo tanto desde el punto de vista práctico como teórico. Hoy en día existen millones de artefactos y aparatos con transformadores que deben su nacimiento al trabajo de Faraday en 1831.

En su empeño en comprender lo que parecía un efecto puramente eléctrico, vio que este efecto aparecía "de dos maneras" simultáneamente. Para el experimento, Faraday sujetó dos cables en torno a una especie de rosquilla de hierro. Conectó uno de ellos a un medidor sensible y el otro a una batería con interruptor. En cuanto había un "cambio" en la corriente de un circuito, se inducía un cambio análogo en el otro circuito; es decir, cuando se activaba o desactivaba una circulación eléctrica en un cable, en el mismo momento se producía una modificación en el segundo cable, que no estaba conectado al primero. Para comprender la inducción electromagnética, Faraday explicó que "una onda de electricidad es causada por cambios súbitos en la corriente del circuito primario; esa onda viaja por el espacio e induce una perturbación similar en el cable secundario". Si en lugar de esos dos pequeños cables independientes, atados a la rosquilla de hierro, se activa una potente fuente eléctrica, el flujo de corriente se propaga por el espacio y puede apresarse en una red de circuito situada a gran distancia, lo cual hoy nos da la base de las sondas espaciales de comunicación entre satélites y planetas.

Pero él mismo se preguntaba ¿qué era esa onda eléctrica que conecta circuitos distantes sin una conexión material visible? Tardó casi treinta años en responder a esa pregunta. En un nuevo experimento, Michael Faraday reemplazó uno de los cables por un imán; es decir, en el lugar del circuito eléctrico conectado a la batería, puso un imán y descubrió que, al conectar y desconectar un imán y un cable, se creaba un flujo de corriente. Al mover el imán y el cable, surgía o se generaba electricidad. La producción de energía eléctrica no sólo ha sido inmensamente útil para su aplicación en la industria (y sus consecuencias socioeconómicas) sino que, desde el punto de vista teórico, Albert Einstein utilizó en parte el arquetipo de Faraday cuando ideó la Teoría de la Relatividad a primeros de nuestro siglo.

En sus primeros informes Faraday ya empleó el término "líneas de fuerza magnética" y esa fue la idea central de sus investigaciones durante años. Si se esparcen limaduras de hierro en torno a un imán, se forman ciertas figuras o formas geométricas. Su imaginación y sus calibrados razonamientos lo llevaron a concebir un universo cruzado o hilvanado por infinidad de "líneas de fuerza". Eso, en una época en que el espacio estaba considerado "lleno de éter", sin saber nadie lo que era exactamente el Éter, esta idea de los campos de fuerza parecía descabellada. Al principio, el propio Faraday consideraba que estas líneas de fuerza (lo que hoy se denominan "campos") eran tan sólo una ficción útil para entendernos, pero cuanto más pensaba en ellas, más reales las encontraba.

Finalmente, los resultados de sus investigaciones en la inducción electromagnética lo convencieron de la existencia de las ONDAS ELECTRICAS, o sea, de las "vibraciones de dichas líneas de fuerza". El paso revolucionario fue sugerir que las vibraciones llamadas "luz" por Fresnel y otros científicos, no eran vibraciones en el éter sino movimientos de las líneas de fuerza: oscilaciones. Dicho de otra manera, para Faraday esas vibraciones u oscilaciones eran esenciales para la existencia, pero el éter no. Pensar en algo tan insustancial como las líneas de fuerza, resultaba absurdo para la mentalidad materialista de la época (época que para algunos aún no ha terminado...) pero en ese nuevo concepto, se encontraban las fecundas semillas de la teoría de campos y en general, de la actual física cuántica.

Para terminar con justicia este interesante fragmento de la Historia, debemos decir que Michael Faraday tuvo un gran sucesor: James Clerk Maxwell. Hijo de una familia distinguida de Edimburgo y quizá el más famoso matemático de su época, Maxwell fue el personaje predestinado para traducir las teorías de Faraday al idioma de las matemáticas y a la formalización cuantificada. La "Teoría Dinámica del Campo Electromagnético" de Maxwell, escrita en el año 1864, representa un hito en la Historia de la Ciencia. J.C. Maxwell llegó a sintetizar todos los conocimientos, hasta aquel momento un poco disgregados o dispersos, sobre electricidad, magnetismo, óptica, etc., en sus famosas cuatro ecuaciones, que tantas repercusiones han tenido en nuestra realidad actual. Debemos recordar que el flujo magnético a través de una superficie se define del mismo modo que el flujo eléctrico; solo varían las unidades de medición.

*Desde que newton fundó la física teórica,
la mayor alteración en la base axiomática de la física
y en nuestra concepción de la estructura de la realidad,
deriva de las investigaciones de Faraday y Maxwell
sobre los fenómenos electromagnéticos.*
ALBERT EINSTEIN

ESENCIA DE LUZ

Durante siglos hemos observado la luz natural, preguntándonos qué es (incluso a veces me he preguntado "quién es", puesto que su carisma y su poder son inusitados). A lo largo de un breve recorrido histórico veremos que ha habido ideas francamente cambiantes sobre la naturaleza de la luz, pero a la vez veremos que la propia conciencia humana también ha ido cambiando a lo largo del estudio sobre esa naturaleza de la luz. Esta compañera fiel e invisible tiene dos aspectos: la luz externa de la naturaleza y la luz interna de la mente.

Parece que existen dos luces que nos iluminan. Por un lado, tenemos el Sol, por el otro tenemos la "luz del ojo" (como decían los antiguos) o de la visión. Durante nuestro siglo se han realizado numerosos experimentos psicológicos sobre intervenciones quirúrgicas realizadas en pacientes con ceguera congénita. Pasado un mes de la operación, muchos de ellos pasaron las primeras pruebas diciendo que veían "borrones". Cuando se permitía al personaje tocar aquello que tenía delante de sus ojos, la respuesta era casi siempre: "ahora que lo he tocado y lo he sentido, puedo verlo". En el desarrollo natural de la visión humana, hay un período crítico, en los primeros años de vida, donde se desarrollan las aptitudes visuales (aprendemos a ver...), así como se desarrollan otras aptitudes motrices y sensoriales, como andar, hablar, etc.

En un estudio sobre 66 casos de recuperación de vista en ciegos de nacimiento, el Dr. M. von Senden llegó a la conclusión que existen dificultades asombrosas para "aprender a ver". Cuando el paciente despierta de la intervención, no ve el mundo de luz, colores y formas al que nosotros estamos acostumbrados. No es capaz de "comprender" ni la luz ni la forma. Muy a menudo el período de aprender a ver conduce a crisis psicológicas inevitables. Moreau dijo en una ocasión: "la operación quirúrgica no cumple mas función que la de preparar los ojos para ver. Devolver la vista a un ciego es tarea de un educador, no de un cirujano".

Los recién operados siguen aferrándose a los medios cognitivos conocidos hasta el momento por ellos: tacto, oído, olfato... De alguna manera todos nosotros actuamos como esos niños ciegos. Nuestros sentidos de percepción otorgan substancia y sentido a nuestro mundo, y lo definimos en función de nuestras aptitudes cognitivas. A menudo cerramos los ojos y nos aferramos a lo conocido. Además del sofisticado órgano del ojo y de la luz solar, la vista requiere una luz interior que transforma la "pura sensación" en una percepción dotada de sentido.

Pero... realmente ¿qué es la luz de la naturaleza? Nuestra civilización ha llegado a dar numerosas y variadas respuestas, tanto metafóricas, metafísicas, artísticas y espirituales como respuestas matemáticas, severas y utilitarias. La leyenda, nos explica que en las aguas de un río persa, se le presentó, a Zoroastro, el gran Dios de la Creación, el dios de la Luz: Ahura Mazda. Allí comenzó la vida profética de Zoroastro, dos mil años antes del nacimiento de Jesús. Zoroastro creó una religión dualista, con una constante lucha antagónica entre la Luz y la Oscuridad encarnada, por un lado, por los poderes de Mazda, creador del bien y la luz, y por otro lado, por los poderes de Ahrimán, creador del mal y las tinieblas. Mazda creó el mundo de una forma pura, incorpórea, espiritual y bella; pero en sus luchas con Ahrimán, la Luz se mezcló con la Oscuridad y los mares se volvieron salados, el fuego se ensució con el humo, las tierras se secaron y aparecieron los desiertos. Así, todo se convirtió en una mezcla.

Según el pensamiento de Zoroastro, vivimos aún en una época de sufrimiento, miedo, enfermedad y muerte, debido a esta mezcla de luz y oscuridad. Él pregonaba que debíamos asumir la responsabilidad de este padecimiento, esperando la tercera etapa en la que se restableciera la Creación. De esta manera nos mostraba la evolución del hombre y del mundo en las tres épocas que son las que conforman la cosmogonía de Zoroastro: Creación, Mezcla y Separación. Confiemos en que pronto acabe esta segunda época dualista en la que ahora vivimos y podamos llegar a entender esa fuerza creativa y descubrir por fin qué es y cómo es, esa Luz prístina del origen de los tiempos.

En el año 240 de la era cristiana surgió otro gran movimiento religioso relacionado con la luz: el maniqueísmo, también conocido como "gnosticismo", que se extendió por todo el Imperio Romano, Persia y también el lejano Oriente. Mani, el Buda de la Luz, predicó también un mensaje dual de luz y oscuridad, como dos poderes de igual fuerza, pero separados. Al igual que la historia persa, esos dos poderes se habían mezclado en el curso de diferentes invasiones cósmicas. La Tierra, la Luna, las Estrellas... eran partículas del poder de la luz y producto de esas guerras. La creación de Adán y Eva fue, según Mani, una idea del príncipe de las Tinieblas para "burlar" a los Seres de Luz. De esta manera la Luz quedaba atrapada en la densa materia.

La misión de Mani era liberar la Luz y para eso, viajó durante años predicando el mensaje de Luz y Oscuridad, del Conocimiento (gnosis) y de la Salvación. El Buda de la Luz proyectó una religión de alcance casi mundial, en la que supo unir los legados de Buda, de Jesús y de Zoroastro. La influencia del gnosticismo fue tan inmensa, que incluso uno de los mas eminentes pensadores del cristianismo, San Agustín, fue maniqueo durante diez años de su vida, aunque más tarde atacó fuertemente esta doctrina. Sin embargo, sus escritos denotan una fuerte influencia de la filosofía del Buda Mani. En sus trabajos, San Agustín profundizó tanto sobre la metafísica de la Luz que, de alguna manera, este concepto caló y se introdujo en el pensamiento cristiano ortodoxo, aunque tomando otras formas.

A partir del gnosticismo de Mani, se crearon unas sectas cuya aspiración era llegar al "conocimiento del cosmos", con el propósito, no de dominar la Tierra, sino de que el alma del hombre regresara a la Luz (su hogar original). Algunos autores piensan que las aspiraciones gnósticas son las precursoras de las aspiraciones científicas de los últimos siglos, debido a la búsqueda de ese conocimiento del cosmos. Sin embargo, para la Iglesia, el maniqueísmo era una herejía, puesto que la "salvación del alma", según el catolicismo, nunca proviene del Conocimiento sino de la Gracia. Creo que algunos científicos católicos actuales quedarían perplejos si supieran eso.

Así pues, la Iglesia persiguió a los gnósticos durante siglos. Dentro de esa famosa persecución, la última escena de la historia del legado de Mani fue la destrucción de los cátaros (o Puros) durante el siglo XIII en los Pirineos catalano-franceses. Aunque no eran cien por cien seguidores de Mani, los cátaros también pensaban que el mundo material era una creación de Satanás y que llevar una conducta sobria, muy pura y sana, les permitiría salvar la luz divina que todo hombre lleva dentro; de esta manera, podrían liberarse de la rueda de reencarnaciones en la materia, concepto este último, enemigo del catolicismo y claramente descendiente del budismo. Los cátaros tomaron con total seriedad la realidad de la luz angélica interior del hombre, luz que siempre habita rodeada de oscuridad. Con la erradicación de los cátaros, desapareció "aparentemente" la metafísica de la luz de Mani, pero encontró un importante eco en las convicciones científicas del siglo XIII, a través de un interesante personaje: Robert Grosseteste.

"Toda la creación material es luz condensada", argumentaba Robert Grosseteste. El medio escogido por Dios para su creación fue la Luz. Según Grosseteste, la primera forma "corpórea" fue la luz y de ella surgió todo lo demás. De un solo punto de luz, al expandirse, surgió la materia. Luego llegó una etapa de diferenciación, causada por los procesos de condensación-separación. De ese proceso surgió la "forma" (o geometría) y la "medida" (o proporción). Igual que Platón, Grosseteste tenía la visión de un dios que "ordenó todas las cosas por número, peso y medida". Su obra "De Luce" (Sobre la Luz) fue quizá la primera cosmogonía científica, puesto que data del siglo XIII.

Robert Grosseteste fue un erudito eclesiástico de Leicester, que fue invitado por los franciscanos ingleses para que diera enseñanzas en la recién inaugurada escuela de Oxford. Más tarde fue obispo de Lincoln, la mayor diócesis de Inglaterra. No obstante, fue famoso por su vida sumamente austera y de constante estudio y por su obstinada preocupación de descubrir la naturaleza de la luz. Diferentes autores están de acuerdo en que el trabajo de Grosseteste fue el primer paso hacia el establecimiento de una moderna ciencia de la naturaleza, donde todo el universo se genera a través de la expansión y modificación de la luz. Ante esa observación se me ocurre pensar si este clérigo inglés de la época gótica no fue también un inspirado precursor de la actual teoría del Big Bang.

Sin embargo, Grosseteste abrazaba una metafísica de la luz explícitamente espiritual, aunque simultáneamente escribiera "en las ciencias, nada magnífico puede conocerse sin matemática". La metafísica y la física de la luz se alternaban en su mente con total honestidad y lucidez. A fin de cuentas, se trataba del Universo a la vez material y espiritual, y se trataba también del Hombre, como ciudadano de esos dos reinos.

Veremos que, en nuestra actual etapa, también otros hombres eruditos como Goethe, Rudolf Steiner, Edward Bach, Hannemann y muchos otros más contemporáneos, han abogado por integrar a nuestra realidad esa filosofía espiritual de la naturaleza. Realmente por tratarse de setecientos años atrás, me parece muy revolucionario que alguien como el obispo Grosseteste llegase a decir que "todo lo que tiene existencia en el mundo de los elementos, emite rayos en todas direcciones los cuales llenan el mundo entero".

Son demasiados para enumerar aquí, los autores, científicos, místicos, artistas o pensadores que han abordado el estudio de la luz, sin acabar de encontrar "la verdad única" (en el supuesto de que debamos saberla) o explicación alguna que nos proporcione un sentido profundo de la fuerza generadora de la existencia. Por ejemplo, Galileo dijo que la luz no era Dios, sino un cuerpo; si era un cuerpo, tenía una anatomía que podía ser sometida a la disección e investigación.

También muchas otras teorías como las que desarrollaron Huygens, Young, Euler, Descartes, Fresnel y otros grandes hombres, estaban atrapadas en una imagen rígidamente materialista. Partían de que "lo contrario de la materia era el espíritu". Admitir la inmaterialidad de la luz o de la energía, era retroceder a una imagen primitiva y espiritual, posibilidad que ha escandalizado y escandaliza aun a muchos científicos durante los últimos tiempos.

Sin embargo, de todas las visiones se obtiene algo positivo. En el año 1669, Isaac Newton, que se enfrentaba tanto a la alquimia, a la teología, a la física, a la óptica como a la matemática, supo aplicar su gran capacidad de análisis a desglosar lo que él llamaba "los componentes mínimos de la luz". Partiendo de su anterior teoría corpuscular de la luz, hizo el famoso experimento con el prisma, del cual surgió un resplandeciente arco iris con todos sus colores. Así, Isaac Newton descompuso artificialmente el haz de luz blanca, por primera vez en la Historia.

Según Newton, los rayos de luz se crean en el Sol y nos llegan a nosotros a través del espacio, produciendo cada rayo, en el ojo humano, una sensación diferente: rojo, verde, azul.... La luz natural es la suma de todos esos rayos; y así, juntos, aparece la luz blanca. Un prisma puede actuar sobre la luz, separando esos rayos en "sus clases" originales. Nuestras sensaciones cromáticas son como nuestra respuesta subjetiva a la realidad objetiva y corpuscular.

Después de numerosos y valiosos trabajos, parecía que Newton había unificado el Cosmos; todos los fenómenos, la dinámica de la luz, la atracción de los astros, la gravedad que hace caer las manzanas; todo; todas las fuerzas hasta aquel momento inexplicables se convertían, con él, en explicables, evidentes y calculables. Desde entonces, todo se redujo a materia, la cual se movía obedeciendo las leyes de Newton.

En el fondo era una visión que puede llegar a producir escalofríos; parecía que ya no hacía falta nada más. De hecho, a partir de entonces, con el pensamiento de Newton (y también con la visión mecanicista de Descartes y el fenómeno destructor de la Inquisición católica), la historia de la ciencia y de la sociedad, cambió rotundamente. Sin embargo, ahora vemos que era una visión demasiado simple. Aquellos hombres de ciencia, Newton y Descartes hicieron un desmembramiento del mundo, que nos impidió ver su totalidad.

Hasta hoy día, en muchos campos de acción, especialmente en medicina, cargamos con esa gran influencia. Pero como dice la más madura sapiencia recogida durante siglos, el I Ching: "El comienzo de todas las cosas reside todavía en el más allá, en forma de ideas que aún deben llegar a realizarse. Pero en lo creativo reside también la fuerza destinada a dar fuerza a esas imágenes primarias de las ideas".

También el I Ching dice: "toda etapa alcanzada se convierte a la vez en preparatoria para la siguiente, y así el tiempo ya no constituye un obstáculo, sino el medio para la realización de lo posible". Si no hubieran existido las mentes y los corazones de esos grandes hombres, tampoco se hubieran desarrollado las teorías científicas posteriores, primero en forma de presentimientos e hipótesis, luego tesis y demostraciones, pero, en definitiva, argumentos revolucionarios que cambiarían por completo la visión y el conocimiento que tenemos de la materia, de la energía y de la naturaleza de la luz.

¿Y qué es la luz sino energía? la esencia de la luz, a mi entender es la que genera todo el proceso de la vida. la Energía; y ese proceso se basa en la síntesis más grande del universo jamás expuesta: E= m·c2. La gran fórmula de Albert Einstein, nos revela la naturaleza de la energía: la masa o materia, multiplicada por una constante al cuadrado. Eso es Energía; la esencia misma de todo lo existente. Pero si hacemos un paralelismo con la anterior fórmula de Max Plank: E = h·f, donde h es la masa de un quantum, multiplicada por f, la frecuencia de ese quantum, veremos que la constante de Einstein (c2), puede perfectamente ser esa frecuencia vibratoria de la que hablaba Plank; por tanto podría decirse que: m·c2 = h·f = E . Quizá la única diferencia entre las dos importantes fórmulas reside en que la de Einstein hace referencia a un mundo macro y la de Plank, a un mundo micro.

En este caso, aplicando el concepto frecuencial, puede afirmarse que cuando una masa disminuye, su frecuencia aumenta, y cuando la masa (o densidad de la materia) aumenta, la frecuencia de las moléculas de aquella materia disminuye. En cualquiera de los casos, cuando la frecuencia vibratoria de un cuerpo aumenta o disminuye, su ordenamiento atómico cambia. Así pues, toda masa es energía, y esa masa tendrá más o menos energía, según su frecuencia vibratoria. Todo el gran proceso se basa en aumentar la frecuencia vibratoria de la materia, se trate de nuestras células o de nuestro entorno.

En el hombre, los niveles de manifestación de su energía se realizan en tres planos: en el físico (acupuntural y electroquímico), en el emocional o afectivo, y en el mental o racional: es decir en tres frecuencias diferentes; la del cuerpo es una energía más densa; el emocional es una energía menos densa (una frecuencia más alta) y el plano mental emite una energía aún de más alta frecuencia; por esa razón sólo podemos ver una de esas tres frecuencias: la que emiten nuestras células. Pero no olvidemos que en los tres casos se trata de la misma Energía.

Un ejemplo o paralelismo, sencillo y conocido pero muy claro y didáctico es del agua. El elemento agua, también, como en el hombre, tiene tres planos de manifestación: líquida, gaseosa (o vapor) y sólida (o hielo). En el agua solidificada (por un descenso de la temperatura) disminuye la frecuencia vibratoria de las moléculas. Sin embargo, al aumentar la temperatura y transformarse en agua líquida, se produce un aumento de la frecuencia vibratoria de sus moléculas. Pero no olvidemos, una vez más, sea líquido transparente, vapor o hielo, siempre es lo mismo: H_2O. La energía de una persona, en sus tres planos manifestados, siempre es la misma; y eso es una clave para la salud del Ser Humano. La frecuencia de oscilación marca la densidad o sutilidad de la Energía y eso nos marca también la pauta de la vida.

La Escuela Arcana, a través de Alice Bailey, nos dice también algo muy interesante sobre la esencia de la luz, en relación con el hombre:

"La Vida Una, que se manifiesta a través de la materia, produce un tercer factor que es la consciencia. Esta consciencia, resultado de la unión de los dos polos, espíritu y materia, constituye el alma de todas las cosas. El desenvolvimiento de la consciencia o la revelación del alma constituye el objetivo a través del cual la vida adquiere forma y propósito, por el cual se manifiesta el ser. Esto puede ser denominado la Teoría de la Evolución de la Luz. Mediante la interacción de los polos y la fricción de los pares opuestos, surge la luz. La meta de la evolución consiste en una serie graduada de manifestación de luz. Velada y oculta en todas las cosas se halla la luz. A medida que la evolución avanza, la materia se convierte en un buen conductor de luz."

El universo visto desde dentro es luz.
visto desde fuera, por la percepción espiritual,
es pensamiento.
RUDOLF STEINER

LA ESTRUCTURA DE LA LUZ Y SUS CLASES: EL COLOR

Hasta ahora hemos visto como las diferentes energías o fuerzas que proporcionan vida al planeta, y la luz que genera la existencia, no son conceptos fácilmente diferenciables. Llamémosle Chi o Ki, Éter o Prana, orgón, energía vital, luz primordial, campo electromagnético o fotones, lo cierto es que sin ello no podemos existir. Pero, aunque no sepamos exactamente lo que es o hasta dónde llega, sí sabemos dos cosas, desde la perspectiva de la salud del hombre:

Por un lado, sabemos empíricamente que existe una cierta circulación o "movimiento" de esta energía, que transcurre por unos canales "invisibles" en el cuerpo (meridianos, chakras, nadis, campo áurico, etc.); aunque invisibles son ya muy definidos por los acupuntores (y por clarividentes y otras personas con facultades extrasensoriales desarrolladas). Cuando esa fuerza eléctrica, o lo que fuere, deja de recorrer esos caminos, simplemente nos acercamos a la muerte (cese de todo movimiento vital); de la misma manera que nuestro planeta moriría si no lo iluminara el sol durante cierto tiempo, fuerza que impulsa permanentemente la naturaleza.

Por otro lado, tenemos también otra realidad, otro método o sapiencia, quizá aun no tan estructurada ni ortodoxa como la acupuntura, pero observada y experimentada por multitud de personas y grupos más científicos o menos científicos: el poder curativo y equilibrador de los colores de la luz. Para poder integrar estos dos conceptos (energía y color), falta aún profundizar y exponer el potencial cromático y equilibrador de la luz, pero me dispongo a hacerlo repasando simultáneamente el color y los factores psicoemocionales implícitos en él. Es evidente que cabría también un estudio del color desde el punto de vista artístico, para deducir también las implicaciones terapéuticas que una obra de arte contiene en sí misma, pero este aspecto está íntimamente relacionado también con la "forma" y éste es un estudio que realizaré con el detenimiento necesario en capítulos posteriores.

El hombre vive constantemente rodeado de color. Y no todo acaba en la inmensa gama de colores de la bella naturaleza, sino que incluso en el interior de su cuerpo también circula constantemente un líquido rojo-intenso que le nutre. Por si fuera poco, a miles de metros sobre su cabeza, le cubre un hermoso e intocable manto de color azul. El noventa por ciento de lo que abarca nuestra visión ante un paisaje, es de color verde. Estamos "inmersos" en el color. Y la luz y el color son, desde siempre, inseparables.

Si la intención de estas páginas es integrar el color a la terapéutica habitual o valorar la luz y el color como potenciales médicos, sé que no estoy haciendo nada nuevo. Hipócrates, considerado el padre de la medicina occidental, ya fue un gran defensor de la luz como agente curativo. Su conocida "Helioterapia" o curación por la luz solar, fue y es aún, un método especialmente efectivo.

Todos sabemos (especialmente los terapeutas) que en verano todo el mundo está más sano que en invierno, cuando recibimos una estimulación lumínica superior; también el índice de depresiones y otras enfermedades, es superior en los países del Norte que en los países luminosos del Sur. Históricamente el poder terapéutico de la luz y de cada color fue también reconocido y muy utilizado en el Antiguo Egipto, en Grecia y Roma, así como en la India y en China. En este siglo tuvimos también al físico danés Niels Fusen que, cuando expuso y fundó la "Fototerapia", recibió el Premio Nobel en 1903.

En la actualidad médica internacional hay numerosos especialistas que trabajan en Cromoterapia, sean reconocidos o no por los intereses de la oficialidad; y existen también diferentes métodos investigados y desarrollados que se basan en el potencial de la luz y del color. Sin ir más lejos, la moderna medicina alopática (convencional) utiliza el poder de la luz y del color como terapia curativa, como es el caso de los tratamientos con rayos X, o las terapias con radiaciones láser o las que utilizan los rayos infrarrojos y ultravioletas, radiaciones también electromagnéticas, dentro del espectro de luz, como veremos más adelante. Por eso es tan sorprendente que la mayoría de las personas adeptas a la alopatía y a la química, rechacen las terapias por la acción del color. A mi entender eso se debe a que no se valora aun suficientemente una medicina basada en la física y no en la química (como hasta ahora ha sido); es evidente que los estímulos físicos generan cambios químicos; pero es muy distinto empezar una terapia partiendo de entrada de grandes cantidades de estímulos químicos (supresores del mecanismo de autocuración del paciente) como es habitual en el enfoque médico ortodoxo.

El ser humano está constantemente rodeado por una inmensa gama de radiaciones y vibraciones a las cuales puede reaccionar y responder. Desde que existe la teoría de la mecánica cuántica, sabemos que la luz no sólo existe en forma de ondas sino también, y simultáneamente, en forma de partículas. La luz es pues, una estructura dual. Para entender el color, vamos a centrarnos solamente en el aspecto ondulatorio de la luz.

De hecho, todas las emisiones de luz consisten en radiaciones electromagnéticas. Lejos de ser algo estático (una vez más: movimiento), las oscilaciones de cada rayo de luz producen unas ondas eléctricas y magnéticas que se propagan en el espacio, como las olas que se producen en el agua del mar. Al número de oscilaciones por segundo que la onda realiza le llamamos "frecuencia". Así pues, podemos definir que una "onda vibratoria es la oscilación de campos electromagnéticos", y eso es la luz visible.

Las ondas vibratorias de luz pueden ser cortas o largas. Las fuentes lumínicas que emiten "ondas cortas" son las que tienen frecuencias altas (más lentas) y a menudo se les llama "hiper-frecuencias", como son las luces ultravioletas, RX, rayos gamma, etc. Las de "onda larga" son de baja frecuencia (más rápidas) y en el espectro lumínico corresponden a la luz visible, a los rayos infrarrojos, ondas de radio y TV, microondas, etc.

Cada color que vemos es una emisión de luz específica que tiene una frecuencia determinada. El espectro de colores corresponde a ondas de diferente frecuencia. Por otro lado, el color de un objeto lo determina su propia estructura molecular. Cuando un rayo de luz incide en ese objeto, las moléculas absorben esa luz con las diferentes frecuencias de cada color, pero siempre hay una frecuencia que será refractada o devuelta, es decir, no asimilada por el tipo de estructura molecular del objeto.

Así pues, cuando vemos un objeto de color verde es porque absorbe todas las frecuencias de color de la luz que lo ilumina, excepto las equivalentes al verde, las cuales son reflejadas y llegan a la retina de nuestro ojo. En nuestra retina, aquella frecuencia vibratoria verde se descompone en señales eléctricas y se re-componen en nuestro cerebro con las características físicas y cromáticas de aquel objeto.

Existen diferentes densidades o frecuencias entre cada uno de los colores, cuando la luz penetra en la materia. La luz azul, por ejemplo, es más densa que la roja. La frecuencia vibratoria del rojo es de 4,6 x 10 Hertzios y la frecuencia del azul es de 7,5 x 10 Hz. Es decir, la oscilación de la luz roja se mueve más rápidamente que la azul, porque la frecuencia de vibración por segundo es más alta en el azul que en el rojo.

Esto tiene una gran importancia a la hora de aplicar los colores, puesto que los tonos cálidos (rojos, naranjas, amarillos...) inciden mayormente en las partes más densas de nuestro ser, en los sistemas orgánicos, mientras que los azules, verdes y violetas, repercuten básicamente sobre los aspectos más sutiles, psico-emocionales o espirituales del hombre.

Sin embargo, el estudio de las propiedades psicofísicas de cada color, a mi entender, aún no es suficientemente profundo. Se necesitaría un buen equipo de investigación, posiblemente una buena subvención, y disponer de todos los medios necesarios para que se pueda llegar a comprobaciones y conclusiones coherentes y precisas sobre el potencial del color, conclusiones que unifiquen criterios y proporcionen datos terapéuticos útiles y prácticos.

Así y todo, a lo largo de los dos últimos siglos han sido muchos los investigadores que han trabajado sobre el color, incluyéndome a mí misma. Para esta publicación me he limitado a observar solamente algunos trabajos destacados, resumiendo algunos conceptos básicos y los resultados de investigación de sus autores.

La interacción entre la luz y la materia engendra el color
PABLO PALAZUELO

EL COLOR Y LA MENTE

La mente humana, entendiéndola como espíritu o como consciencia, no es ni creadora ni gobernadora de la materia, sino todo lo contrario. En realidad, la materia, incluyendo la luz y el color, nos invade, penetra en nuestro ser físico y emocional, y nos envía señales. Nos informa. Esta información que constantemente recibimos altera nuestro campo electromagnético y nuestro comportamiento. El ser humano, mayormente constituido por agua, genera constantemente un campo electromagnético a su alrededor, de unos 30 a 60 cm. de media, y que interactúa con los otros campos emitidos por los otros seres vivos o también por las moléculas de los objetos que entran en nuestro campo. Dos campos electromagnéticos, generados por cualquier tipo de molécula, al acercarse o intercalarse, actúan uno en el otro, por el fenómeno de la resonancia.

El cuerpo es un gran condensador electrolítico que va variando de intensidad o de potencial, pero en lo que más varía es en velocidad o frecuencia vibratoria. Este gran condensador eléctrico de nuestro organismo regula y guarda la corriente, para ser utilizada en su momento. Así pues, cada ser humano crea un fenómeno eléctrico a su alrededor. Cuando dos personas se acercan, se establece una influencia eléctrica mutua. Nuestros campos electromagnéticos (o nuestros campos áuricos, que viene a ser lo mismo), siempre están interactuando.

Todo está en un proceso de continua acción-reacción; y, en el fondo, todo el proceso se basa en los fenómenos eléctricos. De hecho, puede decirse que en el organismo no existen exactamente reacciones químicas sino electroquímicas. También es necesario recordar que, en el ser humano, los procesos mentales tienen una frecuencia vibratoria más alta que los procesos emocionales; y, a su vez, nuestras emociones tienen una frecuencia más alta que nuestros procesos físicos y orgánicos. Pero no sólo el raciocinio, los sentimientos y las células emiten ondas de una frecuencia determinada; también todos los objetos, compuestos de átomos y moléculas, cualquier material inorgánico, con sus diversas formas y colores, emiten a su vez una radiación (con cierta longitud de onda) y tienen, como nosotros, un campo electromagnético. Todo conductor (sea un material más conductor de la electricidad o menos), es decir todo material que pueda cargarse electrostáticamente, genera necesariamente un campo a su alrededor.

De esta manera, si cualquier objeto (como puede ser un simple cuadro o bien un filtro terapéutico, con una determinada forma geométrica y un color) dentro de nuestro campo electromagnético; el campo generado por aquel objeto interviene en el nuestro y se produce el fenómeno de igualar mutuamente sus frecuencias (sintonizar). Este proceso de "sintonizar" o igualar frecuencias, es de suma importancia; como veremos en otros capítulos, no sólo es importante en cualquier proceso terapéutico sino en la misma vida cotidiana.

En física, la ley de Coulomb ($F = K \cdot Q_1 \cdot Q_2 / r$) dice que, entre dos campos en interacción, donde hay más carga electromagnética, entra a donde hay menos carga y a la inversa. Se realiza un intercambio que acaba igualando las frecuencias de los dos campos. Es decir: un campo influye siempre en otro campo y las variaciones de un campo hacen variar al otro. Y como ya hemos dicho con anterioridad, un campo áurico o electromagnético puede variar por la recepción de una sola onda de pensamiento. Según la calidad del pensamiento recibido, nuestro campo variará favorable o desfavorablemente.

Cuando la frecuencia de ondas de alguien o de algo, penetra en nuestro campo electromagnético, envía una señal específica a nuestro cerebro, que la ordena, la utiliza y responde en consecuencia al tipo de señal recibida. El hemisferio derecho del cerebro es fundamentalmente magnético y coordina este tipo de energía. Sin embargo, el hemisferio izquierdo es fundamentalmente eléctrico y establece una mejor relación con las señales de tipo eléctrico y las procesa. La energía de tipo eléctrico coordina lo más denso y material, como las funciones del cuerpo físico. La energía magnética, es decir, del hemisferio derecho, coordina todas las funciones menos densas o más sutiles como las psico-emocionales.

La fuerza lumínica influye enormemente en el campo de fuerza del ser humano. La luz y sus actos, los colores, son una fuerza y una energía activa y dinámica; no hay nada más lejos que la estaticidad. La energía lumínica es un fluido o un flujo, por tanto, es movimiento; y este movimiento de la luz es tanto multidireccional como multidimensional, como el fenómeno de la ebullición, por ejemplo. Eso significa que alcanza también otras dimensiones más sutiles que nuestra tercera dimensión, densa y material. Igual que el sonido, los colores de luz pueden resonar en nuestra mente y en nuestras emociones, modificando comportamientos psíquicos (aunque también alcanza niveles físicos, por tanto, modifica en parte el comportamiento celular, puesto que nada es independiente).

Volviendo a pasear por las páginas de la Historia, por lo que se refiere al fenómeno del color, y antes de revisar a uno de sus grandes investigadores (Goethe), debo nombrar a uno de los más antiguos conocedores de la relación existente entre el color y la psique humana: Claudius Galenus, que nació en el año 131 antes de la era cristiana. Galenus formuló la idea de que el comportamiento humano podía clasificarse en cuatro tipos. Explicado en síntesis se trata de la "Teoría de los Cuatro Temperamentos" o de los Cuatro Humores. El autor diferenciaba toda la psicología de comportamiento del hombre solamente entre cuatro tipos de carácter: Melancólico, Colérico, Sanguíneo y Flemático.

A estos temperamentos básicos, les corresponde por similitud y características, cuatro colores diferentes:

Al melancólico (o reservado) le corresponde el Azul.

Al colérico (o excitable) le corresponde el Rojo.

Al sanguíneo (espontáneo u optimista) le corresponde el Amarillo.

Al flemático (o indiferente) le corresponde el Verde.

De esta manera, y teniendo en cuenta esta antigua teoría, puede surgir un modo terapéutico de compensar estos estados psicológicos. Por ejemplo, una persona que es o, mejor dicho, está, en un momento dado, muy excitada, colérica, enfadada, etc., es decir, una persona en la que predomina el color rojo, debe ser tratada con el color opuesto o complementario al rojo y neutralizar su estado anímico con una vibración de color "del otro lado del espectro", como es un color azul o un verde. Revisaremos los colores "complementarios" al hablar de Goethe y su teoría. Los métodos con los que se realice esta terapia (existen muchas formas de cromoterapia) pueden ser muy diversos y es un tema que ahora no nos ocupa; pero lo importante es comprender la correspondencia directa que existe entre la mente, con todos sus infinitos estados de ánimo, y la luz en todos sus aspectos relacionados con la psicología y el espíritu del hombre.

En este punto es interesante observar también todo lo referente a las formas y colores que se generan a partir del pensamiento; desde el punto de vista de la sociedad teosófica, partiendo de un material recogido durante la primera mitad de siglo. En el libro "Formas del Pensamiento" de Annie Besant y C.W. Leadbeater, pueden verse una serie de ilustraciones en color (por desgracia, de muy baja calidad, puesto que la publicación es de 1945) respecto a las diversas formas y colores que generan las emisiones de los pensamientos y las emociones humanas.

Todos aquellas observaciones y dibujos fueron realizados por diferentes clarividentes, desconocidos entre sí, en distintos sitios, y observados por diversas personas "pensantes" (que generaban aquellas formas de color, al pensar o sentir). Fueron recogidos y contrastados por los investigadores teosóficos y sintéticamente publicados en aquella obra. Lo que estos conocidos autores dicen sobre la naturaleza del pensamiento y su relación con el color y la forma, se puede resumir así:

El pensamiento del hombre, cualquier pensamiento bien definido y bien dirigido, tiene un efecto doble. Por un lado, tiene el efecto de una radiación vibrante; por otro lado, es una forma que flota en el aire y se mantiene por un tiempo. El pensamiento es una vibración en el cuerpo mental. El campo mental del aura humana está compuesto de materia de diferentes clases o grados de densidad (o subplanos). Hay pues numerosas variedades de materia mental y cada una tiene su modo especial y definido de vibración. Los autores ponen el siguiente ejemplo: "Cuando un hombre se halla de pronto bajo la impresión de una emoción, su cuerpo astral es agitado con violencia y sus colores habituales se ven momentáneamente oscurecidos por una oleada carmesí, azul o escarlata, correspondiente al grado vibratorio de la emoción particular. Este cambio es momentáneo, no dura más que unos segundos; y rápidamente vuelve el cuerpo astral a tomar su común aspecto. Por lo tanto, cada emoción súbita produce un aspecto permanente: añade siempre algo de su propio color al matiz normal del cuerpo astral, de suerte que cada vez que el hombre cede a una emoción determinada se hace más fácil para él ceder de nuevo, pues su cuerpo astral toma entonces la costumbre de vibrar de una manera análoga".

Sin tener en cuenta ahora las "formas" creadas por la mente, voy a hacer un resumen del color de cada emisión psicoemocional, según las observaciones de los miembros de la sociedad teosófica, realizadas a primeros de siglo XX:

Color negro: maldad y odio
Rojo oscuro-pardo: cólera brutal
Rojo escarlata-chillón: indignación
Rojo oscuro-sangre: bajas pasiones
Naranja limpio: ambición y deseo de superación
Naranja pardo oscuro: ambición de poder; egoísmo; orgullo
Marrón claro-siena: avaricia
Gris oscuro: egoísmo
Gris-sombra: depresión
Gris-claro: miedo
Gris-verdoso: superchería
Verde oscuro con puntos escarlata: celos
Verde limpio: facultad de adaptación
Verde brillante: simpatía
Carmín claro y limpio: afección fuerte y sana
Rosa claro y puro: amor desinteresado
Rosa moreno-agrisado: sentimiento de amor egoísta
Rosa azulado-violáceo: sentimiento de fraternidad universal
Amarillo claro y limpio: intelectualidad y deseo elevado de saber
Amarillo-ocre: inteligencia que satisface el egoísmo
Azul oscuro: devoción religiosa egoísta
Azul-gris: fetichismo y miedo
Azul claro: adoración y renuncia al Yo personal y unión con lo divino
Violeta limpio: afecto y adoración; respuesta a un ideal elevado

Un estudio profundo de las formas y colores del pensamiento nos permitiría saber, por ejemplo, lo que conviene evitar y lo que es preciso cultivar de nosotros mismos. Una honesta investigación místico-psicológico-científica (contrastando las versiones de los clarividentes, los resultados de las fotografías Kirlian, estadísticas, los datos de los aparatos que miden las ondas cerebrales, los principios actuales de la física cuántica, etc.) nos permitiría reconocer la enorme responsabilidad que tenemos como seres humanos pensantes y podríamos "ver" y comprender con certeza que todos nosotros estamos "creando" incesantemente, día y noche, y produciendo, a nuestro alrededor, efectos determinados.

Los colores son los actos, los trabajos,
y las penas de la luz.
GOETHE

GOETHE Y STEINER

En el año 1810, el poeta y científico alemán Johann Wolfgang von Goethe definió la percepción fisiológica del color. Llegó a formular una teoría que aún hoy es vigente; tanto es así que a todos sin excepción, nos la enseñan en la escuela primaria. Descubrió que solamente había tres colores primarios: el Rojo, el Azul y el Amarillo, y el resto de los colores se creaban a partir de la mezcla de estos tres colores puros o primarios. Goethe lo representó gráficamente con dos triángulos invertidos y superpuestos.

Quizá lo más revolucionario acerca de esta teoría del color fue que Goethe formuló la Ley de la Armonía, que puede ser aplicada tanto a los colores como a las notas musicales. Al emplazar los tres colores primarios en los tres vértices de un triángulo equilátero (armónico y equilibrado geométricamente), y emplazar también la mezcla de estos tres colores en otro triángulo de las mismas proporciones, y luego superponerlos entre sí, la resultante es otra forma geométrica representativa: el exágono. Lo más interesante es que en los vértices de este exágono arquetípico se encuentra el "color complementario" del ángulo opuesto. Así pues:

El color violeta es el color complementario del amarillo.
El color naranja es el complementario del azul.
El color verde es el complementario del rojo.

Nótese que, solamente si se mezclan los tres colores primarios, dan los otros tres colores del espectro solar: violeta (rojo + azul); naranja (rojo + amarillo); verde (amarillo + azul). Pero eso no ocurre con los colores secundarios o complementarios: por ejemplo, si se mezclan naranja y verde, no generan amarillo; naranja y violeta, no dan rojo; el verde más el violeta no dan el azul. Si cogemos una paleta de pintor y mezclamos esos seis pigmentos de colores obtendremos el gris oscuro, no el blanco.

Es muy diferente hablar de colores materiales, es decir de pigmentos sobre una superficie, que hablar o tratar los colores de luz, es decir, por transparencia. En realidad, los colores primarios de la luz, por transparencia, son el rojo, el verde y el azul; y si estos tres colores se mezclan en proporciones iguales, por ejemplo, en una proyección, producen la luz blanca. A estos colores de luz se les llama "aditivos", porque sumando los colores del espectro, componen la luz blanca. Si se mezclan dos colores primarios de luz (diferentes de los colores en pigmento) se produce su color secundario.

Así el rojo y el azul, producen el magenta; el color rojo y el verde, producen el amarillo; y el color azul y el verde, producen el cian. En este principio se basan la fotografía y todos los medios actuales de reproducción de imágenes. Este concepto debía ser aclarado para que no se prestara a confusión. Pero creo que, de momento, debemos retroceder cien años y seguir con el poeta de la luz.

En los estudios sobre la luz de Goethe, podremos observar que las dimensiones internas y estéticas eran tan importantes para él como los aspectos externos. Su interés por la luz nació de sus conversaciones en Italia con grandes artistas, paisajistas, poetas y filósofos. Goethe se preguntó qué era lo que determinaba la aplicación artística del color. No podía aceptar que fuese un capricho momentáneo del artista, ni una costumbre, una convención o una moda de la época. Debía haber algo más que impulsaba la mente o el espíritu del artista, a hacer una selección determinada de colores para expresar su obra. Vemos pues que Goethe inició el estudio del color impulsado por el arte; pero como poeta y científico a la vez, buscó también explicaciones en las teorías científicas sobre la luz desarrolladas hasta entonces.

La teoría corpuscular de Newton no resultaba valiosa para su propósito. Goethe hizo diversos experimentos con instrumentos ópticos y se convenció que los colores "no se ocultaban" en la luz blanca para ser descompuestos por el prisma. La oscuridad parecía ser tan necesaria como la luz para la producción de estos colores resultantes del prisma. Pero, de todas maneras, Goethe no buscaba otra explicación mecánica para entender el origen y la naturaleza del color, sino que más bien buscaba "otra manera" de explicar el color. De su amigo y admirado Hegel, otro colega en la lucha antinewtoniana y materialista, tampoco sacó nada en claro, puesto que sus especulaciones filosóficas y abstractas no daban ninguna claridad sobre la naturaleza de la luz y el color.

En este punto de su búsqueda Goethe dijo: "En realidad todo intento de expresar la naturaleza interior de una cosa es infructuoso. Lo que percibimos son efectos. Si deseamos conocer la naturaleza de la luz, debemos examinar sus actos y sus gestos, que son los colores". Debemos explorar toda la gama de los fenómenos cromáticos, "identificándonos íntimamente" con ellos, como diría Arthur Zajonc (ver bibliografía). De esta manera, no sólo nos identificamos con la naturaleza y el potencial energético de la luz, sino que, simultáneamente, se inicia una transformación del YO, que conduce a nuevas facultades de percepción. Este pensamiento, a mi parecer, tiene enormes repercusiones para la era actual de necesaria integración.

Aquí hay dos aspectos; Goethe como científico buscaba constantes, pero no quería conseguir sustitutos abstractos de la naturaleza sino experiencias de percepción ampliadas y más refinadas que los cinco sentidos externos del ser humano. Estas experiencias cognitivas debían conducir a un crecimiento interior y a una "autotransformación" o "Bildung", filosofía base de su metodología científica. Goethe consideraba que teníamos una participación "activa" en el mundo. Como dijo él: "cada objeto, bien contemplado, crea en nosotros un nuevo órgano de percepción". Otra hermosa frase de Emerson al respecto dice: "Animamos lo que vemos; sólo vemos lo que animamos".

En definitiva, lo que Goethe afirmaba era que: la luz es formativa. El químico que trabaja en su laboratorio, el artista en sus cuadros, el barrendero en sus calles y el profesor en su pizarra, en realidad "se trabajan a sí mismos", educando su capacidad de discernimiento. Nuestra participación y acción en la vida educan nuevos órganos. Así es la evolución y el perfeccionamiento del Ser Humano.

El contenido espiritual de su trabajo fue extraordinario. En plena época racionalista y materialista, Goethe veía al ser humano como un Todo, sin desmembramientos ni antagonismos. Tal vez fue el verdadero pionero del actual movimiento espiritual y de nuestra forma de entender la verdadera medicina llamada, por algunos, "holística". El poeta necesitaba elevar los datos y los fenómenos, a un alto nivel teórico, para ver en ellos la "trama que tejía la naturaleza". Leer entre líneas, para entender el contenido real.

Otra de sus interesantes teorías al respecto, era que el nacimiento del color se realiza mediante la influencia recíproca de la luz y la oscuridad, como he apuntado anteriormente. Es abrumador el paralelismo de esta idea con los conceptos de polaridad, polo + y polo - y con la antigua teoría china del Yin y el Yang. Sin la oscuridad la luz no existe, como el Yin no puede existir sin el Yang. La luz, en influencia recíproca con la oscuridad, crea el color y la vida. Goethe decía que la oscuridad tiene una densidad diferente a la de la luz, pero ello no significaba que no pudiera ser medida, que no existiera, o que no tuviera su propio potencial. La oscuridad es una energía en sí misma.

Dentro del punto de oscuridad total, arranca la luz, como el día empieza a las doce de la noche o el Yang nace en el punto álgido del Yin. La oscuridad, según esta visión, es el útero de la Creación, el principio sagrado de toda existencia. Así, la oscuridad es una energía (como también lo es la luz), que tarde o temprano llegaremos a entender (sobre todo llegaremos a entender esa interacción de las dos energías), como hemos llegado a entender la interacción y alternancia del Yin o del Yang, resultando de ello una gran terapéutica y una ayuda para la humanidad.

En el Berlín de principios de siglo, muchos intelectuales, pintores y filósofos (quizá uno de los más importantes fue Basily Kandinski), buscaban algo que no se hallaba en la imagen mecanicista de la naturaleza. Muchos de ellos empezaron a asistir a las conferencias semanales que se daban en la Architektenhaus. Se trataba de las interesantes charlas de Rudolf Steiner, erudito y filósofo, que había recopilado los escritos científicos de Goethe. Poco a poco, aquel intelectual berlinés se convirtió en un filósofo espiritual. Steiner disertaba sobre la filosofía espiritual del hombre y del Universo; escribió sobre el poder y la importancia de la meditación y el contacto con nuestra esencia espiritual; sobre cristianismo, historia, teosofía y sobre las dimensiones espirituales de nuestro Universo. En 1913, Rudolf Steiner fundó la Sociedad Antroposófica, intentando crear armonía, en lugar de discordia, entre los mundos del espíritu y de la ciencia.

Hijo de un empleado ferroviario, Rudolf Steiner se educó en la Universidad Técnica de Viena, diplomándose en matemáticas, física y química. Más tarde se doctoró en filosofía, mientras recopilaba las obras de Goethe en Weimar, sobre color, botánica y biología. Pero, más allá de su formación, Steiner tenía una profunda percepción extrasensorial; sus propias experiencias personales de los fenómenos espirituales le llevaron a una concepción del mundo más amplia que la visión dogmática sobre la naturaleza de la luz y del color, así como de otras manifestaciones cósmicas.

En sus trabajos propuso una "ciencia de lo suprasensible"; Steiner buscaba una metafísica moderna donde el cosmos (tal y cómo lo veían los sabios egipcios, griegos y el propio R. Grosseteste) hallara un soporte filosófico conciliado con la ciencia, siguiendo la metodología científica de Goethe, lo cual implicaba el desarrollo de órganos cognitivos superiores, necesario en todos los campos de experiencia y evolución humana. Respecto a la luz, Steiner dijo en una ocasión: "Junto con la luz solar física, se vierte el cálido amor de la Deidad por la Tierra".

Para Steiner, el mundo natural que nos rodea surge del mundo moral que está dentro de nosotros, como la mariposa surge de la oruga. Consideraba el mundo "moral" del hombre como progenitor de la luz. Es decir, cualquiera de nuestras acciones, actitudes y comportamientos genera la naturaleza que nos circunda, incluyendo en esta naturaleza el comportamiento celular de nuestro organismo. La filosofía de Steiner, su concepción de la luz y la teoría del color de Goethe, con todas las implicaciones espirituales que esos conceptos comportaban, toparon con numerosos ataques virulentos en los años veinte. Hubo reacciones desde todos los frentes: del clero, de los científicos, académicos, políticos, e incluso, de los protonazis de la época.

Años más tarde, en una ocasión llegaron a quemar la sede central de la Sociedad Antroposófica: el gran edificio Goetheanum (que podía albergar a más de mil personas), lleno de obras de arte realizadas por artistas y voluntarios. Más tarde, en los dos últimos años de su vida, Steiner organizó la Universidad de las Ciencias Espirituales y diseñó un nuevo edificio orgánico que se convertiría en el segundo Goetheanum, sede actual de la Antroposofía, concebido en base a la unión del espíritu, la ciencia y las artes.

Actualmente la sociedad antroposófica perdura y tiene una gran participación activa en la sociedad, sobre todo en Suiza, Alemania e Italia. La actividad terapéutica de la Antroposofía es extensa y organizada. Tienen escuelas (pedagogía Waldorf), clínicas especializadas, laboratorios de investigación y de elaboración de medicamentos (como el "Iscador", hecho a base de muérdago dinamizado), incluso un interesante e innovador método de análisis clínicos. Todas las actividades de las clínicas (como la Lukas Clinic en Dornach, Suiza) consultorios, escuelas y centros antroposóficos, incluyen el color (también el sonido y el movimiento) como uno de los más importantes y efectivos métodos curativos.

Ver en la oscuridad es claridad, saber ceder es fuerza.
usa tu propia luz y regresa a la fuente de la luz.
eso se llama practicar la eternidad.
LAO TSÉ

CARACTERISTICAS TERAPÉUTICAS DEL COLOR

De la teoría del color de Goethe, se evidenció que los colores estaban divididos en dos grupos o polaridades. Dentro del gráfico exagonal, de tres colores puros y tres complementarios, existe una hipotética línea divisoria que divide el exágono en dos partes. Uno de los grupos es el de los colores calientes y el otro, el de colores fríos. La gama de todos los tonos naranjas, rojos, ocres y amarillos, son de carácter Yang, cálido, y tienen las propiedades acordes a su naturaleza tonificante. La gama de los azules, violetas y verdes, son de carácter Yin, frío, dispersantes, ágiles, desintoxicantes. En un pequeño resumen gráfico podemos ver más claramente esta primera clasificación de colores:

COLORES FRÍOS

(azules, verdes, violetas, lilas…)
Refrescantes
Dispersantes
Tranquilizantes
Desobstruyentes
Ligeros
Pasivos
Diluyentes
Espirituales

COLORES CALIDOS

(rojos, amarillos, ocres, marrones…)
Calefactores
Tonificantes
Excitantes
Coagulantes
Pesados
Activos
Concentradores
Terrenales

Esta sencilla clasificación es una clave terapéutica, a mi entender, importantísima. Es aplicable a diversos métodos de tratamiento y es como la guía básica y elemental con la que podemos empezar a trabajar el color. La aplicación terapéutica de los colores fríos o calientes, relajantes o excitantes, es muy útil y práctica incluso en la vida cotidiana. Me refiero a que, conociendo estas dos propiedades elementales del color, no es preciso ser un cromoterapeuta especializado para aplicarlas, sino que cualquier persona en su vida cotidiana puede aplicar los colores según sus estados de ánimo o en las pequeñas enfermedades comunes.

Vamos a poner ejemplos prácticos: una persona que se siente triste o deprimida, indiferente, fría, inactiva, no es conveniente que vaya vestida con tonos azules o fríos. Los colores terapéuticos y equilibradores para estos estados de ánimo serán los rojos, naranjas y cualquiera de los tonos tierras o calientes, puesto que son cálidos, excitantes, alegres y dinamizadores. Si, por ejemplo, existe una inflamación en un tejido (por haber recibido un golpe, o hematomas, hinchazones, anginas, etc.) o bien se siente enfadada o agresiva, no es nada conveniente rodearse de colores calientes que activan la circulación energética, sino que la persona necesitará colores sedantes, enfriadores, anti-inflamatorios, como los azules y los verdes.

Pero no todo se acaba con los colores del vestir, sino que podemos usar nuestra imaginación y hacer extensible el sentido terapéutico, y decidir con precisión los colores que escogemos para pintar las paredes de los lugares donde más horas habitamos; o incluso escoger coherentemente los colores de las sábanas que nos envuelven durante siete horas al día (casi una tercera parte de nuestra vida la vivimos en la cama...). Es decir, una persona con cierto nivel de estrés, o un niño hiperactivo, por ejemplo, no es nada conveniente que duerma entre sábanas o mantas de colores excitantes de la gama de los colores cálidos, sino que necesitaran colores blancos, violáceos, azules pálidos, etc. que le ayuden a relajarse durante aquellas horas.

No es en vano ni casual que los cirujanos vayan completamente vestidos de verde, para poder estar muchas horas en un estado de serenidad y equilibrio, condiciones del todo necesarias para la cirugía; por otro lado el verde de los quirófanos favorece al paciente intervenido (esté consciente o inconsciente) por las propiedades anti-inflamatorias de este color. También en muchos estudios de marketing se ha investigado y comprobado infinidad de veces, que algunos colores son más adecuados que otros para "estimular" la venta o la atracción visual de diversos productos. Todas estas relaciones entre el hombre y el color que lo rodea, pueden aplicarse también a la selección de cuadros o elementos decorativos que continuamente nos influencian, bien sea en nuestro lugar de trabajo o de descanso, independientemente de la onda de forma que emita el cuadro.

Más allá de las propiedades Yang o Yin de los colores, existen otras valoraciones según la naturaleza energética de cada color. Esta segunda clasificación que propongo viene dada por la investigación y experimentación realizada por muchos profesionales de la salud, de ámbito internacional. Actualmente existe una extensa bibliografía referente a las propiedades intrínsecas y curativas del color; en casi todos los volúmenes consultados a lo largo de los últimos años, los diversos autores coinciden "bastante" en dar o acuñar unas propiedades particulares a los seis colores principales, propiedades que hacen referencia a los aspectos psíquicos, anímicos y también físicos que motivan el equilibrio energético del hombre y por otro lado hacen referencia también al contenido o potencial transformador de cada uno de los colores. Mi experiencia como terapeuta, ratifica (y, en según qué casos, amplía) estas propiedades cromáticas que seguidamente expongo.

En primer lugar, mostraré un pequeño gráfico con las propiedades clave que definen el potencial energético de cada color y su característica principal; seguidamente haré una valoración más extensa de cómo funcionarían terapéuticamente cada uno de estos colores.

Colores primarios:

ROJO: Fuerza. Calor. Vitalidad. Excitación. Agresividad.
AZUL: Movimiento. Fluidez. Liberación. Integración. Calma.
AMARILLO: Energía creativa. Mente. Inteligencia. Sabiduría.

Colores complementarios:

VERDE: Activar ciclos vitales. Equilibrio. Regulación. Curación.
VIOLETA: Disolución. Impulso. Valor. Libertad. Inspiración.
NARANJA: Potencia. Alegría. Prosperidad. Estímulo.

Otras vibraciones cromáticas terapéuticas importantes:
ROSA: Suavidad. Comprensión. Amor. Dulzura. Amabilidad.
MORADO: Transmutación. Cambio.
BLANCO: Paz. Purificación. Silencio. Todo.
NEGRO: Soledad. Interiorización. Nada.

NOTA: Sobre el fenómeno del color, en el año 2016 Marta Povo escribió un libro monográfico y extenso llamado: LA ENERGÍA VIVA DEL COLOR.

Los colores son los actos, los trabajos y las penas de la luz.
GOETHE

LOS COLORES, UNO A UNO

AMARILLO

-**Líneas generales:** Elemento Fuego. El color amarillo es la energía creativa: la Mente. La sabiduría y todo proceso creativo, es una amalgama de intuición e intelecto. La energía del color amarillo activa y alimenta ese proceso. Produce una vibración con una gran fuerza expansiva. El amarillo representa la energía solar; el sol situado en el zenit. Este color es una energía tan expansiva que da la sensación de ser capaz de comerse la negatividad. En terapia, el color amarillo se utiliza para tonificar las ondas mentales, alfa, beta, delta y theta, los circuitos cerebrales y nerviosos, así como los canales de acupuntura. Desde un punto de vista más físico, también es muy útil para promover la digestión y armonizarla; estimula el estómago y regula el funcionamiento del bazo, el hígado, la vesícula biliar y los riñones. Por otro lado, la vibración de la luz amarilla facilita el aprendizaje y la comprensión en los niños; tiene, en general una influencia positiva sobre el intelecto. En su aplicación terapéutica se puede ver (con sorprendente inmediatez) un gran cambio en la expresión de la cara del paciente, pasando de la tristeza y la luz apagada de los ojos, a una jovialidad y alegría interna muy evidentes, y proporciona en especial, una gran seguridad en sí mismo.

-**Acupuntura:** En el sistema de correspondencia de los Cinco Elementos (teoría base de la Medicina China), vemos que el amarillo corresponde a la tierra (no al fuego como dicen otras tradiciones) y el órgano que le rige es el bazo-estómago; este órgano proporciona energía y alimenta a los otros órganos del cuerpo. Por otro lado, el color amarillo y el bazo proporcionan "estabilidad y "transformación" (tierra), cualidades que, si las relacionamos con el poder creativo e intelectual mencionados anteriormente, vemos que están en total correspondencia; recordemos que en Medicina China, la cualidad de "reflexión" y de "lógica" o YI del individuo, también están relacionadas íntimamente con el potencial cromático amarillo y la energía del Bazo.

-**Geocromoterapia:** Veremos que sólo existen cinco filtros amarillos, un cromatismo y una vibración muy fuerte de asimilar: 1/ El filtro de Creatividad, que potencia todo proceso creativo e imaginativo, en cualquier ámbito profesional, personal o artístico. 2/ El Triángulo Amarillo, del desapego, el soltar, la liberación de procesos y la libertad de Ser. 3/ El Pentágono Amarillo, que activa tu propia maestría de siglos, que proporciona "sabiduría" tanto de las células en un proceso canceroso o degenerativo (es decir: en un proceso no creador sino destructor), como activar la psique que necesita encontrar lúcidamente el 'origen' del conflicto psicosomático. 4/ El Decágono Amarillo, que favorece todo proceso intelectual y lo potencia, abriéndose a la reflexión, análisis y síntesis de todo discurso mental y 5/ el Círculo Amarillo, un arquetipo ave-fenix que puede tanto puede ayudar a germinar y crear la vida como puede desactivar la vitalidad y los procesos retrógrados, aunque psíquicamente activan mucho la certeza, la creatividad y la seguridad en sí mismo.

ROJO

-Líneas generales: Elemento Tierra. El color rojo es la Fuerza, la energía base. Es una vibración fuerte y caliente. Puede tener una cualidad incluso violenta y agresiva. Es un color que potencia la energía básica, ancestral y vital. El rojo es el color de la sangre, los músculos y el corazón. Produce sensación de estímulo, excitación y calor. En terapéutica se utiliza en los casos de debilidad y fatiga. Aumenta la calidad de la sangre y la resistencia física, tonifica los órganos sexuales, aumenta el tono muscular y estimula la inhalación y el movimiento. Es el color más estimulante del espectro. En general el rojo trata todos los problemas derivados de la falta de fuerza, puesto que es lo único que esta vibración proporciona sobradamente. Es una vibración útil en anemias, parálisis y enfermedades crónicas debilitantes.

-Acupuntura: En Medicina China, según la teoría de los Cinco Elementos, el color rojo corresponde al Fuego (no a la tierra, como en la tradición hermética), y tiene afinidad con el meridiano del Corazón y del Intestino Delgado. Está presente en el período de "crecimiento", proporciona "alegría" y actividad; su movimiento es el "ascenso". Debemos destacar, por un lado, las propiedades "térmicas" del rojo, relacionadas con la energía propia del meridiano del Corazón; por otro lado, la relación que tiene este meridiano con el SHEN, o el equilibrio de la consciencia (no desde el punto de vista moral). La cualidad psicológica de los meridianos Corazón y Maestro Corazón es precisamente la de dirigir sabiamente nuestro "consciente" para equilibrar nuestra vida, nuestros actos, decisiones, comportamiento y conseguir un estado de paz interior. Si, además, lo asociamos al meridiano complementario en la relación Biao-Li, el del Intestino Delgado, vemos que, regulando la "capacidad de asimilación" de las experiencias de la vida (no sólo de los alimentos), nuestro Shen se mantiene en plenitud, equilibrado y lleno de energía. Nos facilita la adaptación a cualquier cambio.

-Geocromoterapia: De color rojo hay 4 arquetipos Geocrom. El Triángulo Rojo, que se utiliza para neutralizar los estados de inseguridad, temor y miedo (en todos sus grados) que provocan, la mayor parte de las alteraciones funcionales existentes. El Círculo Rojo, que estimula el sistema inmunológico y aumenta las defensas del ser humano, revitalizándolo y proporcionando un estado psíquico de optimismo, humor e incluso euforia. El Ovalo Rojo que estimula también el sistema circulatorio. Y el Arquetipo Yang, que contrarresta y modula, en general, todos los estados de tipo yin de la persona, proporcionando calor, acción, fuerza y activación a los procesos, tanto orgánicos como psicológicos.

AZUL

-Líneas generales: Elemento Aire. El azul es el color del Movimiento y la Fluidez. Es una fuerza generativa, que se produce por sí sola, sin nada que lo impulse. El azul potencia la irrigación y la circulación de todos los circuitos etéricos y también físicos. Es un color frío y refrescante. La vibración azul es de carácter amable, pacífica y complaciente, sobre todo si el tono de azul es claro o turquesa. Si el azul es más oscuro (índigo), su vibración es más fuerte y movilizante. Hay que recordar que una persona con un "exceso" de azul en su campo energético, tiende a la inseguridad o inestabilidad, debido a tanta movilidad de energía. En cromoterapia es muy utilizado en casos de inflamación, calor, contractura, etc., por sus propiedades para poner en circulación y desobstruir. La vibración azul trata el insomnio (que a menudo se produce por un estancamiento energético) y los estados nerviosos, los cólicos, hemorragias, supuraciones, dolores y congestiones; incluso ha dado excelentes resultados en casos de hemorroides persistentes. Regula los músculos contracturados, los ligamentos y los tejidos. Para tratar los niños hiperactivos es el color más adecuado, puesto que proporciona fluidez, frío y reserva. Es considerado el color del infinito y de la paz; alivia la prisa, la excitación y el estrés. Tiene propiedades muy refrescantes, tranquilizadoras y sedantes.

-Acupuntura: La filosofía china nos dice que el blanco y el azul claro son los colores relacionados con "la purificación y el drenaje" (desinflamación). Aunque en la mayoría de las publicaciones se hable sólo del blanco, el color azul claro posee prácticamente las mismas propiedades. Están en relación directa con el meridiano del Pulmón e Intestino Grueso, con el Metal y con la capacidad de "reflejos" de la persona. Su emoción correspondiente es el "instinto" (PO). Antes hemos dicho que el azul es el color del movimiento y la fluidez; ni el instinto ni los reflejos en el hombre se dan sin dicho movimiento. La respiración en sí es movimiento, fluidez y fuente de vida o instinto de supervivencia; si hay una obstrucción en el meridiano del pulmón, se debe purificar y disolver de inmediato, potenciando el pulmón con la vibración energética azul celeste o el blanco puro, sobre todo si hay calor.

-Geocromoterapia: En los filtros hay que distinguir dos tipos de azules de distinta intensidad: el claro o turquesa y el azul intenso o índigo. El Decágono Turquesa, desobstruye y regula el caudal energético de chakras, meridianos y nadis, produciendo al mismo tiempo una fuerte descarga electromagnética que normalmente llevamos en exceso. El Triángulo Turquesa, trabaja con el tejido conectivo intercelular, rejuveneciéndolo o cicatrizando rápidamente cuando se necesita, aunque sobretodo trabaja restaurando los vínculos entre las personas y trata las relaciones. El Exágono Turquesa, es muy analgésico y trabaja de forma idónea con los huesos y los dolores musculares y tendinosos, dando también mucho aplomo y estructura al carácter. El Dodecágono turquesa es el de la Visión de águila, que fomenta la estrategia adecuada para evolucionar. El Círculo Turquesa es el arquetipo de la alineación correcta con la red universal, el mayor filtro integrativo, a la vez que fomenta el encuentro de la misión o función a cumplir en esta vida.

Por otro lado, el Triángulo Azul índigo es el que nos guía y nos da inspiración, mientras que el Cuadrado Azul nos reconecta el ego y el alma en una mejor comunicación, saliendo de los empecinamientos. El Pentágono Azul hace casi lo mismo pero su principal servicio es que nos ayuda a 'optimizar el ego' poniéndolo al servicio de tu alma. El Exágono Azul produce una activación o carga extra de los fotones en las células y nos ayuda también a realizar una integración de todas las experiencias pasadas. El Decágono Azul nos drena y descarga de la electricidad estática que nos parasita, y nos protege. El Dodecágono Azul nos hace ver y entender el porqué de nuestras dependencias. El Círculo Azul activa la dirección, el foco, el propósito y la Voluntad, ayuda a eliminar el karma y nos conecta con la energía de la tierra.

VERDE

-**Líneas generales:** Elemento Aire. De los dos colores primarios Amarillo y Azul, es decir, de la energía mental y del movimiento, surge el color verde: la energía de la Acción. De la fuerza de la inteligencia y del movimiento surge la vibración positiva y curativa de la Naturaleza. El verde tiene una acción ascendente y constante. Se puede decir que está reñido con la pasividad; no tiene nada de estático; es un color alegre que produce ganas de vivir y de participar. La influencia de este color aumenta la curiosidad y la capacidad analítica; se ha utilizado a menudo en lugares de trabajo porque se ha comprobado que aumenta la productividad y la concentración. En terapia, usado convenientemente, la vibración del color verde activa el transporte de energía a todo el cuerpo, en especial al sistema digestivo, alimentando los órganos de la digestión. Es básicamente desintoxicante. Es muy indicada también para tratar las bronquitis, la tos, los catarros y las afecciones de pulmón en general. La luz verde es indicada para reducir los tumores y úlceras. En post-operatorios o después de períodos sedentarios, es un color muy indicado para provocar la activación suave de la energía. Psíquicamente es un buen tratamiento para la apatía y la depresión, aunque al mismo tiempo tenga grandes propiedades relajantes.

-**Acupuntura:** En Medicina Tradicional China, el verde está relacionado con la Madera, la "plantación", el "nacimiento" y la "expansión". Su estación es la "primavera". Su emoción es la "cólera" (o la ira, enfados, intolerancia...) por tanto su acción terapéutica es el "drenaje y evacuación", no sólo de toxinas sino también de estas emociones un tanto agresivas, que también nos intoxican o desequilibran. El verde tiene correspondencia con los meridianos del Hígado y la Vesícula Biliar; como órgano, vemos que el hígado es el gran laboratorio del cuerpo donde se transforman muchos alimentos; desde el punto de vista energético, también hay una gran transmutación de las emociones coléricas desequilibrantes, especialmente si utilizamos el color verde en ciertos puntos. De las manifestaciones del alma en acupuntura, este color se relaciona con el "subconsciente" o HUN.

-Geocromoterapia: Los filtros verdes trabajan básicamente sanando el cuerpo físico y etérico. El Filtro Yin (verde-azul) regula la hiperactivación de los estados yang. El Triángulo Verde trabaja con la herencia, la familia, el ADN y regula la memoria celular patológica. El Cuadrado verde nos hace entender el dolor y el sufrimiento de otra manera y neutraliza el victimismo. El Exágono Verde nos vacía de tóxicos de distintos tipos y nos preserva la pureza del aura. El Heptágono Verde nos da 'coherencia' y reunificación, y trabaja con nuestras contradicciones y los estados esquizoides. El Decágono Verde, afina nuestra antena perceptiva, la sensibilidad, y proporciona purificación en resfriados, pulmón y los meridianos de la cabeza. El Círculo Verde, un filtro con un gran poder espiritual, trabaja con los virus o bacterias, con nuestro sistema inmunológico y, sobretodo desde el punto de vista etérico, o el 'patrón' de las enfermedades.

VIOLETA

-Líneas generales: El Violeta representa el anochecer. Es una energía creada por la capacidad de movimiento del azul y la fuerza del rojo, por lo tanto, el color violeta genera una energía de Impulso. Al ser una vibración rápida y veloz proporciona capacidad de decisión, concreción y valentía. Por su capacidad impulsora, el color violeta se utiliza en los casos en que la energía está parada o estancada, tanto en los sistemas del cuerpo físico como en los canales energéticos del cuerpo etérico y en las capas más sutiles y espirituales; su vibración favorece mucho la imaginación y la intuición. Es muy útil para estimular las reacciones y reflejos en todo el organismo y cómo no, activa y desobstruye el corazón, la circulación sanguínea y el sistema linfático. Por otro lado, la luz violeta ha estado siempre asociada a la espiritualidad y a la consciencia; aunque trabaja más a nivel inconsciente y subconsciente, proporcionando inspiración y estados elevados de meditación. En cromoterapia, la vibración violeta es muy útil para devolver el equilibrio y la paz. Para que las células y la mente estén tranquilas y equilibradas a menudo se necesita "disolver" los conflictos que generan la anomalía y "liberarlos": estas son las propiedades fundamentales de este color. En la tradición hermética el rayo violeta del Cosmos es el responsable de la transmutación, el cambio, la disolución y la libertad. En mi práctica terapéutica he utilizado mucho la vibración violeta, por su extremada eficacia, en muchos casos de diversa índole, instaurando con rapidez la pureza y el equilibrio energético del individuo.

-**Acupuntura:** En Medicina China no tiene correspondencia con ningún órgano, meridiano, elemento o emoción; pero empíricamente tiene una gran utilidad terapéutica. El violeta, en mi opinión, por tener las propiedades del Azul (purificación), más las del Rojo (calor, alegría, ascenso), realiza un trabajo de transformación energética y disuelve el estancamiento de Qi.

-**Geocromoterapia:** Los filtros violetas tienen connotaciones básicamente espirituales y neurológicas. El Triángulo Violeta trabaja con el Sistema Nervioso Central, equilibrando los neurotransmisores. El Cuadrado Violeta trae al plano terrenal todos los procesos espirituales y regula todo lo relacionado con la muerte tanto desde el punto de vista orgánico, energético o psíquico. El Pentágono Violeta es el arquetipo del orden, la ordenación y priorización, activa el hipotálamo y la hipófisis e impulsa las ordenes endocrinas y nerviosas. El Octógono Violeta es muy útil para los miedos al cambio, y a la muerte, a la vez que dos facilita la visión profunda o trascendente. El Decágono Violeta es un gran transmutador de códigos y un fuerte liberador de la carga psíquica ajena. El Dodecágono Violeta es un filtro de conexión con la propia Esencia y los guías, y restablece también la comunicación fluida entre las personas. El Círculo Violeta conecta nuestra personalidad con nuestro espíritu o

Esencia y nos inspira a conectar con otras entidades espirituales; es el gran arquetipo de la Dignidad y el afinador del instrumento.

NARANJA

-Líneas generales: Es la vibración del amanecer. El color naranja está formado por la fuerza del rojo, más la energía mental y creativa del amarillo. El naranja es pues, el uso inteligente de la fuerza, es decir: la Potencia. Es una vibración expansiva pero cargada de fuerza y poder. El uso del naranja produce mucha seguridad y reafirma las capacidades del individuo o usuario. Se considera el color de la alegría y la felicidad. En terapia, la vibración de este color proporciona mucha seguridad y optimismo, por lo que es muy utilizado en casos de depresión, inestabilidad, tristeza y temor. Usar este color es como tonificar la energía, o proporcionar vitaminas al cuerpo. Su vibración potencia las capacidades propias de cada individuo física y psíquicamente, animando y vigorizando al ser. La luz naranja es un buen tratamiento para la anemia y promueve el apetito; es adecuado también en insuficiencia cardíaca; combinando las vibraciones azules con las naranjas se han producido efectos muy positivos en anginas de pecho e infartos.

-Acupuntura: Debe considerarse este color como un derivado suave del rojo, por tanto, deberíamos repetir las aplicaciones de activación del Qi de los meridianos, la desobstrucción del QI-JI, etc., pero en una escala más baja y asequible. En mi práctica de colorpuntura el color naranja es muy adecuado para activar y tonificar el Jing de Riñón, especialmente en el punto 23 de Vejiga.

-Geocromoterapia: El Triángulo Naranja es un filtro muy útil y efectivo para tratar la depresión y los estados de tristeza y apatía, al mismo tiempo que proporciona los códigos de la acción, el poder y la seguridad en uno mismo. El Cuadrado naranja trabaja modulando y neutralizando los posibles códigos escondidos de escasez, insuficiencia, pobreza y excesivo sacrificio, proporcionando una vibración de abundancia, prosperidad y comodidad. El Exágono Naranja potencia, optimiza y regula entre sí, el funcionamiento de tres sistemas claves en nuestro organismo: el metabólico, linfático y endocrino; por otro lado, nos proporciona una gran capacidad de asociación de ideas. El Decágono naranja, se utiliza para favorecer la energía de la alegría y la felicidad y es para neutralizar la tristeza y la indiferencia. El Círculo Naranja nos proporciona una gran expansión y activación de la alegría interior y fomenta la búsqueda del conocimiento profundo.

ROSA

-Líneas generales: Es la vibración del Amor al cien por cien. Es un color con una personalidad única y especial. En la materia, el pigmento rosa no es un color primario ni complementario. En los colores de luz por transparencia tampoco se contempla, a menos que sea en la intensidad del color magenta. En realidad, la vibración del rosa pálido tiene la fuerza espiritual del magenta, pero teñida con el blanco de la paz y la suavidad. Tampoco es un lila pálido puesto que el rosa resulta más caliente y por tanto su acción es menos mental. En realidad, es la madre, la comprensión absoluta, la protección, la seguridad, la amabilidad materializada. El color rosado es una vibración muy suave pero profundamente penetrante, cálida y amorosa, pero en absoluto pegajosa. Es absolutamente necesario para nuestra salud física, para que nuestro cuerpo aprenda a no auto-agredirse, y necesario, también, para muestra mente y nuestras emociones; para suavizar todos los procesos y, por encima de todo, es un gran alimento energético y espiritual.

-Geocromoterapia: El Triángulo Rosa neutraliza todos los estados de odio, ira, enfados, cabreos, rencores, etc., proporcionando códigos de dulzura, amabilidad, compasión y amor por nosotros mismos y hacia los demás. El Cuadrado Rosa nos ayuda a conectar con el pasado, revisar y generar una gran comprensión por todos los procesos vividos e integrarlos. El gran filtro de protección energética es el Pentágono Rosa, y nos ayuda a neutralizar los estados de shock, disgustos y toda clase de alteraciones emocionales, proporcionando mucha calma y serenidad en estos procesos.

Por estar tan vinculados con las emociones, este filtro se utiliza en la corrección del hábitat para suavizar la acción negativa que nos producen las vías de agua subterráneas y todo lo relacionado con el agua. El

Exágono Rosa nos aporta la gran vibración del Amor y la Compasión (desde el punto de vista búdico, es decir, comprensión absoluta por todos los seres, poniéndonos en su lugar), modulando y neutralizando las actitudes demasiado mentales y calculadoras o las actitudes muy viscerales y materiales. El Octógono Rosa es el arquetipo del perdón y la superación de los resentimientos y rencores. El Decágono Rosa se define como el guerrero de Luz, el que nos trata la agresividad, y nos da el aprendizaje de saber luchar por lo que queremos. El Dodecágono Rosa es el filtro que facilita la meditación y la conexión con nuestro interior, con nuestra esencia divina, ayudándonos a tomar las decisiones de forma correcta y positiva para nuestra evolución, al tiempo que nos hace entender el sentido real y profundo de nuestra existencia. El Círculo Rosa es el gran icono de la fuerza del silencio y la ecuanimidad.

La meditación es esa luz en la mente,
que ilumina el sendero de la acción,
y sin la cual no hay amor.
JIDDU KRISHNAMURTI

EL COLOR Y LA LEY UNIVERSAL
DEL MOVIMIENTO

Más allá de la relación existente entre la vibración de cada color del espectro y toda información procedente de la física, si consultamos otras tradiciones y formas de medicina antiguas y actuales, veremos que existen conexiones muy interesantes entre el potencial del color y la salud del ser humano. Las propiedades terapéuticas del color se utilizan también en Medicina Tibetana, en Medicina Ayurvédica, en los métodos curativos que realizaban los indios americanos, chamanes u hombres de poder, así como en muchas otras cromoterapias surgidas más recientemente.

Algunas de estas cromoterapias aplican la vibración de los diferentes cristales. Sabemos que los cuarzos (Si O_2) tienen la propiedad de almacenar información y, hoy en día, son imprescindibles en relojería y en informática. Por sus características de cristalización geométrica y por sus propiedades terapéuticas específicas, cada uno de ellos es utilizado también médicamente. Por ejemplo, las piedras azules (y ahora voy a generalizar mucho, sólo para dar una breve pincelada sobre la cristaloterapia) como las aguamarinas, turquesas, zafiros, azuritas, crisocolas, lapislázulis, cianitas, sodalitas, fluoritas, tienen propiedades tranquilizantes, intelectuales, refrescantes, etc. Las piedras o cristales rojos y anaranjados (rubí, granate, cornalina, coral, jaspe, etc.) tienen incidencia sobre la vitalidad; estimulan, excitan, calientan, etc. Las cristalizaciones amarillas (topacio, ámbar, citrino, etc.) repercuten sobre la valentía, capacidad, voluntad, inspiración, inteligencia y creatividad. Los cristales verdes (cuarzo verde, aventurina, turmalina, malaquita...) tienen propiedades desintoxicantes, relajantes, armonizadoras, etc. Las piedras y cristales de color blanco o transparente (cuarzo, cristal de roca, diamante, ópalo, perla, piedra lunar, etc.) tienen diversas propiedades curativas, protectoras, transmisoras, equilibradoras, etc. Los cuarzos violetas (amatista, fluorita, sugilita, etc.) están relacionados con la espiritualidad, la evolución y la autotransformación. Vemos que todas estas características respecto al color de los cristales están también en relación, y son características comunes, con lo hasta ahora explicado de la propiedad de los colores en general.

Actualmente se están desarrollando algunas formas terapéuticas nuevas de aplicación de la luz y el color, entre ellas la Geocromoterapia, que ya están proporcionando resultados contundentes e inmediatos en sanación (curación del cuerpo y del alma) del Ser Humano. Sin embargo, creo que aún están en pleno período de desarrollo y expansión. Ocurre como en la Medicina China en sus tiempos de inicio (incluso en la actualidad): se obtienen resultados experimentales. Es decir, sabemos "empíricamente" que, diferentes métodos de aplicar luz y color en el paciente, mejora o cura sus deficiencias, aunque no sabemos exactamente aún "cómo" actúa este potencial desde el punto de vista de la física (aquí la química parece no intervenir a priori, aunque sí a posteriori, según mi criterio). Existe, en la actualidad, un alto grado de investigación (la mayoría de las veces realizada de forma individual, sin ninguna subvención o ni apoyo) que se realiza en estos innovadores métodos terapéuticos; este trabajo de investigación en solitario no siempre es reconocido, pero resulta muy interesante y necesario; además de comprometido.

A lo largo de este libro estamos dando un breve paseo por la Historia y por los pensamientos de diversos personajes, que han tratado de entender la existencia del Universo y del Ser Humano. Sin embargo, algo que se desprende de todos los conceptos y teorías hasta ahora revisados, es que siempre hay un hilo conductor entre SUS TEORÍAS: el MOVIMIENTO. Y esto me ha conducido a revisar también algo de Cosmología y Alquimia, como las Leyes de Hermes, puesto que se basan en el mismo fenómeno.

Todos nosotros sabemos que cualquier molécula está siempre en perpetuo movimiento. Sin embargo, tendemos a olvidarlo. Tendemos a la "estabilidad". Deseamos el estado supremo de lo estático. Podemos verlo incluso en nuestra vida cotidiana: cuando conseguimos dinero, queremos que nos dure y que "siempre" lo tengamos. Cuando logramos conocer el "amor de tu vida", la pareja ideal, deseamos no perderla. Lo mismo ocurre con el trabajo, la fama, la belleza, la juventud, etc., etc. Y, como no, cuando estamos sanos, queremos estarlo "siempre"; deseamos que ninguna célula se altere, que ningún sistema falle, que nuestro estado de ánimo sea "siempre" alegre, vital, lúcido, reflexivo y que nuestro espíritu avance siempre en la misma dirección.

Nada más lejos de la realidad. Toda esta carga de expectativas, parece que está basada en una falacia. Sólo hay que contemplar el Universo, tanto macrocósmico como microcósmico. Utilizando nuestra capacidad de observación (es decir, de no juicio) siempre evolucionaremos. Y si observamos con atención veremos que todo, absolutamente todo, está en "perpetuo movimiento". Existen Siete Leyes Universales, transmitidas por Hermes Trismegisto, sabio egipcio, contemporáneo de Abraham; estas siete leyes sintetizan los principios del Universo de esta manera:

Principio del Mentalismo:

"El TODO es Mente; el Universo es mental".

Principio de Correspondencia:

"Como arriba es abajo; como abajo es arriba".

Principio de Vibración:

"Nada está inmóvil; todo se mueve; todo vibra".

Principio de Polaridad:

"Todo es doble; todo tiene dos polos; todo, su par de opuestos: los semejantes y los antagónicos son lo mismo; los opuestos son idénticos en naturaleza, pero diferentes en grado; los extremos se tocan; todas las verdades son semi-verdades; todas las paradojas pueden reconciliarse".

Principio del Ritmo:

"Todo fluye y refluye; todo tiene sus períodos de avance y retroceso; todo asciende y desciende; todo se mueve como un péndulo; la medida de su movimiento hacia la derecha es la misma que su movimiento hacia la izquierda; el ritmo es la Compensación".

Principio de Causa y Efecto: "Toda causa tiene su efecto; todo efecto tiene su causa; todo sucede de acuerdo con la Ley; la suerte no es más que el nombre que se le da a una Ley no conocida; hay muchos planos de causalidad, pero nada escapa de la Ley".

Principio de Generación:

"La generación existe por doquier; todo tiene sus principios masculino y femenino; la generación se manifiesta con todos los planos; cada ser contiene en sí mismo dos elementos de este principio".

A excepción quizá de la primera y segunda ley, (según como se interpreten) en las restantes leyes queda implícito el concepto de MOVIMIENTO. Las siete leyes de Hermes, son principios que nada ni nadie ha podido desafiar. De hecho, filósofos, metafísicos, científicos de diferentes tendencias y teólogos de cualquier religión, están de acuerdo en que "todo" va y viene, nace y muere, todo cambia y nada es permanente. Parece como si estuviéramos describiendo un sueño; sin embargo, se trata de la realidad. La materia existe para nuestros sentidos.

El estudio de la naturaleza de la luz y de la materia, nos ha conducido a ver que, para que viva una molécula y para que se produzca un campo electromagnético, tiene que haber MOVIMIENTO. Sin movimiento, estaríamos en un "electro-estatismo", lo cual no existe. Movimiento significa vibración, polaridad, ritmo; tiene una causa, que genera un efecto. El COLOR, como emisión de luz, es también vibración. Esta vibración produce un efecto determinado. El color pone en movimiento ciertos mecanismos internos y profundos del Ser Humano.

A mi entender, el color no sólo afecta a la salud del cuerpo material, sino directamente al alma; a la mente o al Shen, como diríamos los acupuntores. El concepto de Shen en la filosofía China se entiende como "consciencia", no en el sentido moralista, por supuesto, sino como capacidad de pensar, de elegir correctamente, de discriminar, de formar ideas. Es la personalidad y el deseo de vivir la vida. Y no olvidemos que el Shen es una fuerza que, según la Medicina China, forma parte de Los Tres Tesoros, junto con el Qi y el Jing.

-El JING es la fuente de vida. La esencia. Un fluido. La substancia que subyace en toda vida orgánica. Base de la reproducción y del desarrollo. Nuestra reserva energética.

-El QI es la capacidad de activar o mover este fluido. Este Qi proviene de tres fuentes: YuanQi (energía prenatal-herencia), GuQi (energía alimentación-digestión) y KongQi (energía aire-respiración).

-El SHEN o espíritu, es la vitalidad en la que se apoyan el Jing y el Qi del cuerpo, que se manifiesta como la fuerza de la personalidad humana.

Es decir, la base de mantenimiento de nuestra salud es el Shen, (la mente, la consciencia, el espíritu). Y.... ¿cómo se tambalea esta base? Según la medicina China, la Medicina Tibetana, la Ayurvérdica, la filosofía budista y otras disciplinas orientales, son las "Siete Emociones" las responsables de alterar nuestro Shen o el bienestar de nuestra consciencia. Estas emociones alteran nuestros pensamientos y nuestros sentimientos; y de inmediato, alteran también nuestro organismo.

Estas siete emociones (yo las agrupo en cinco), según la clasificación de los chinos, son: la alegría, la ira, la tristeza-pesadumbre, la preocupación y el miedo-terror. Cuando una de estas emociones es "excesiva" o "insuficiente", se altera nuestra salud o nuestro equilibrio psico-físico. Cuando las emociones son de alguna forma conflictivas, alteran nuestro Shen, nuestro Qi y por lo tanto nuestro Jing.

Así, una vez más, todo está interrelacionado; nada existe por separado. El filósofo confucionista Wang-Yang (s. XV) explicaba así su concepción de esta interrelación: "la materia y la psique, no son dos identidades existiendo independientemente una de la otra, sino como formando un CONTÍNUUM". La Luz, el Color y la Forma, también forman parte de este "Contínuum" universal.

Y, desde mi punto de vista terapéutico, entiendo que la LUZ, en sus distintas manifestaciones de color, es la clave para incidir en el equilibrio completo del Ser Humano; para penetrar y trabajar en su Mente, en sus células y en sus sentimientos; la clave para potenciar su Qi vital. Los colores son, bien usados, una gran herramienta para tratar las alteraciones físicas, que en su gran mayoría provienen de alteraciones previas de la mente y del estado de ánimo, de forma etiológica.

Todo pensamiento da origen a una serie de vibraciones que actúan en la materia.
ANNIE BESANT Y C.W. LEADBEATER

SIMBOLOGÍA TRADICIONAL EN LA GEOMETRIA

Las figuras geométricas tienen un significado muy denso en todas las áreas culturales. Siempre se ha creído que las formas y los números encierran principios eternos; y que la voluntad humana no podría modificar, jamás, estos principios. La geometría constituye el instrumento visual, por el que podemos descubrir la información necesaria para conocer el mundo y a nosotros mismos. Todas las respuestas están contenidas en las formas. Un axioma ocultista afirma: "Dios hace Geometría".

Repasemos la simbología que distintas tradiciones le han dado a las principales figuras geométricas. Las cuatro formas en que se basan todos los números y el resto de formas son:

El punto o el círculo.
La línea, cuyas interacciones crean los ángulos.
El triángulo.
El cuadrado.

El punto, como el círculo, no tiene principio ni fin; es continuo e infinito. En la antigüedad se decía: Dios es como una inteligencia esférica, cuyo centro está en todas partes y cuya circunferencia no está en ninguna. El punto, del cual parte todo, es quizá el concepto más profundo y abstracto que existe para la mente humana. Desarrollaremos el poder del círculo al final de este capítulo y volveremos al estudio del punto cuando revisemos el arte y las teorías de Kandinsky.

La línea es la primera proyección del punto. La línea recta vertical representa simbólicamente el espíritu descendiendo hacia la materia, la proyección del Cielo a la Tierra, la energía que mana de la Divinidad. La línea vertical tiene cualidades masculinas; es yang, activa, comunicativa, enérgica, directa y dominadora. Es el símbolo de lo celestial y del espíritu. La línea recta horizontal tiene la polaridad opuesta. Representa la energía del alma, la cualidad femenina, yin, receptiva, no actuante, absorbente y contemplativa. Es el símbolo de la materia y nuestro mundo material manifiesto.

TRIÁNGULO

El triángulo es la primera forma cerrada. Con tan sólo dos fuerzas, no es posible obtener ningún polígono. La forma triangular simboliza la Trinidad, Dios-Padre-Espíritu Santo (con el vértice hacia arriba) o Padre-madre-hijo (vértice hacia abajo). El triángulo con la punta en lo alto corresponde al mundo del espíritu; el triángulo con el vértice invertido es el mundo de la materia. Así vemos que el mundo material es una simple reflexión de la Verdad Universal, de la Divinidad. Lo que es arriba es abajo. Nos muestra que el hombre y su mundo material es una simple reflexión de la Verdad Eterna. Es como si viviéramos en un mundo de ilusión y de reflexión; la verdadera realidad es el mundo espiritual; en términos hinduistas, lo que vemos es tan sólo "maya", ilusión. Los dos triángulos superpuestos o entrelazados crean la Estrella de David, Sello de Salomón o Diamante del Filósofo; de ahí surge el axioma hermético: "como es arriba es abajo". El exagrama resultante es una estrella de seis puntas, que contiene un exágono perfecto en su interior.

El triángulo no es solamente la primera superficie, sino que toda figura, cualquier figura geométrica, si se trazan unas líneas desde su centro (punto de poder) hasta los ángulos, queda dividida en varios triángulos. Así pues, todas las figuras de la Geometría Sagrada contienen en su interior la fuerza del triángulo.

El triángulo equilátero, simboliza la Divinidad, la armonía y la proporción; en especial si está construido en base a la constante matemática de la Proporción Áurea. Puesto que toda generación de vida se produce por el efecto de una división, el hombre se representa simbólicamente por un triángulo rectángulo, es decir, la división de un triángulo equilátero en dos partes, en la que cada una posee un ángulo de 90°. Esto muy bien podría enlazar con su condición básica de polaridad. El hombre busca siempre el equilibrio, la armonía, la proporción, busca la divinidad; requiere del equilibrio yin-yang, equilibrio de la materia con el espíritu; el hombre busca la fusión de los opuestos para volver a su unidad, la Divinidad: el triángulo equilátero. Esto encierra en sí el principio de la "simetría fundamental", con muchas implicaciones también para la salud.

Entre los antiguos mayas, el triángulo está ligado al Sol y al maíz; es doblemente símbolo de fecundidad. Para los romanos, griegos y también en la India, el triángulo con el vértice hacia arriba es el símbolo del fuego y de la masculinidad y con la punta hacia abajo representa al agua y la feminidad. Alquímicamente, además de representar el fuego, el triángulo es también el corazón; recordemos de paso que los elementos de la alquimia también son terrestres, sal, azufre y mercurio, constituyendo esta tríada sagrada la base de todo proceso de transformación y transmutación.

Se considera que el triángulo sublime es aquel cuyo ángulo superior es de 36° y los dos ángulos de la base tienen 72°. El triángulo masónico, lleva inscrita en su base la palabra "duración" y sobre los lados, las palabras "tinieblas" y "luz", lo que compone el ternario cósmico. A la figura triangular, según la tradición fracmasónica, se la denomina Delta Luminosa, haciendo referencia a la mayúscula griega; dicho triángulo es isósceles, con la línea de la base más larga que la de los lados; sus ángulos tienen 108° en la cúspide y 36° en los extremos de la base. Dicho triángulo es el que corresponde al "número de oro", constante matemática de la cual hablaremos en otro capítulo.

No deberíamos olvidar la gran importancia que esta figura tiene para la historia religiosa, no solamente por la extensa iconografía cristiana desarrollada sino también por sus innumerables tríadas:

Padre-Hijo-Espíritu Santo,
nacimiento-madurez-muerte,
sabiduría-fuerza-belleza,
pasado-presente-futuro....

CUADRADO

El cuadrado simboliza la Tierra y los cuatro elementos de los cuales vive: fuego, tierra, agua, aire. Los cuatro puntos cardinales. Los cuatro lados de este polígono representan las cuatro partes de una persona; el cuerpo físico, organismo material y visible, unido ahora al triángulo de la mente, el alma y el espíritu. Con el cuerpo es con el que se actúa en el mundo material. El cuadrado es el símbolo del universo creado. Es la antítesis de lo trascendente, al mismo tiempo que contiene el Espíritu del Creador.

En general el cuadrado tiene una energía antidinámica; su movimiento no es fácil y continuo como el del círculo. Simboliza la detención, la solidificación y la estabilización en la perfección. El cuadrado nos proporciona la idea del mundo creado, limitado, inscrito en el espacio y en el tiempo. Los pitagóricos hacían de la Tetraktys la base de su doctrina. El número cuatro era la perfección divina, el número del desarrollo completo de la manifestación. Volveremos a la Tetraktys Pitagórica (1+2+3+4=10) cuando revisemos el Decágono y el número diez en capítulos posteriores.

La manifestación solidificada, densa y corpórea, se expresa a través del modo de vida sedentario o civilizado, siendo el cuadrado en general la forma preferente en las ciudades, a diferencia de las costumbres más nómadas que prefieren las formas circulares: tiendas, campamentos, tipis, cabañas, iglúes... Si nos remitimos a los relatos de Plutarco, veremos que las ciudades, hasta la época romana tenían forma circular, sin embargo, Roma era de planta cuadrada y cuatripartita. En la edad moderna se han ido borrando los límites o muros cuadrados de las ciudades debido al ilimitado crecimiento urbano. Este fenómeno ha sido clasificado por las ciencias sociales como una pérdida de identidad o de centro, que además genera innumerables problemas de ordenación, control y gobierno de las metrópolis. Sin embargo, las tramas cuadrangulares se reflejan aún en fragmentos urbanísticos de numerosas ciudades, siendo un buen ejemplo de ello el Ensanche de Barcelona, del arquitecto Cerdá.

En las tradiciones astrológicas, el cuadrado representa la tierra, la materia y la limitación, mientras que el círculo es símbolo de lo universal y lo infinito. En el cuadrado se encuentran a la vez las cuadraturas, o "aspectos de 90°" que representan las dificultades, divergencias o impedimentos, que requieren un esfuerzo por parte del hombre para ser superados. La representación gráfica del horóscopo, hasta el siglo XIX era en forma cuadrada; fue a principios del presente siglo cuando Paul Choisnard, en Francia, introdujo la forma circular para representar la carta natal, forma mucho más práctica y racional de cara a realizar los cálculos matemáticos necesarios.

La forma cuadrada pertenece al Tiempo, mientras que los conceptos de Espacio y Eternidad vienen representados por el círculo. Estas dos figuras geométricas simbolizan dos aspectos fundamentales de Dios: la unidad y la manifestación divina. El círculo es al cuadrado lo que el cielo es a la tierra, o lo que la eternidad es al infinito; por eso el cuadrado se inscribe en un círculo, puesto que la tierra, nuestro mundo material, depende del cielo, de las leyes de lo eterno y universal. Así pues, todas las formas cuadrangulares son la perfección de la eternidad, puestas sobre un plano terrenal.

PENTÁGONO

El pentágono de cinco lados representa la unión de los desiguales, la unión del principio masculino (tres) y el principio femenino (dos). Simboliza la unión de las fuerzas contrarias, por tanto, es una forma geométrica que genera integración, realización y conocimiento. Los antiguos lo asociaban a la idea de "perfección". El pentágono expresa una potencia que es fruto de la síntesis de fuerzas complementarias. Simboliza también el androginato.

El "pentagrammon" era el símbolo favorito de los pitagóricos y era el signo de reconocimiento para miembros de una sociedad o como signo de integración en un grupo de Conocimiento. Su forma era estrellada, con unos diseños específicos en el interior de esta estrella de 5 puntas, de los cuales destaca el pentágono invertido, en cuyos lados se proyectan unos triángulos isósceles. El pentagrammon pitagórico no solamente fue símbolo de conocimiento, sino que se utilizó como medio de conjuro y de adquisición de poder.

Por otro lado, el pentágono trasciende el mundo material con sus cuatro elementos e incorpora un quinto elemento: el éter o substancia etérea. Representa la incorporación de los planos más sutiles de existencia y realización. Con su vértice hacia arriba el pentágono nos eleva de vibración, proporcionándonos el poder de trascender la materia, de elevarla y purificarla. Representa el siguiente paso a dar en nuestra vía de evolución, después de la solidificación del cuadrado.

El pentágono es el polígono del cambio, de la adaptabilidad, la versatilidad y la actividad. En general puede decirse que el pentágono tiene el poder de captar y movilizar las potencias o fuerzas ocultas.

EXÁGONO

En la filosofía hermética, la figura exagonal representa la síntesis de las fuerzas evolutivas e involutivas, a través de la interpenetración de los dos triángulos. El exágono es la figura de los dones recíprocos y del destino místico. Es un polígono que proporciona la perfección en potencia y el poder de la creación y la manifestación. El mundo fue creado en seis etapas y en las seis direcciones del espacio: los cuatro puntos cardinales, el cenit y el nadir. En la tradición hindú es la penetración de la yoni por el linga; es el equilibrio del agua y el fuego. El exágono tiene una naturaleza expansiva. Expresa siempre la conjunción de dos fuerzas opuestas; la unión de un principio y su reflejo.

Los exágonos son símbolos de fórmulas geométricas que nos proporcionan los arquetipos ideales y permanentes del universo. Nos aportan la posibilidad de integrar y relacionar los diferentes planos de manifestación, por tanto, nos inducen al equilibrio entre lo material y lo espiritual.

Para los pitagóricos el polígono de seis lados representaba los seis niveles de naturaleza y la vida en relación al cosmos. El nivel más bajo es el proceso biológico y orgánico de la germinación, tanto en lo referente a las semillas, como a los espermatozoides. El segundo nivel representa la vida de las plantas. El tercer nivel de la naturaleza corresponde a la vida irracional del reino animal. El cuarto nivel es el del ser racional: el hombre. El quinto nivel de la naturaleza corresponde al fenómeno de los "Daimones" que, según los seguidores de Pitágoras, son los mediadores entre los hombres y los dioses. El sexto y último nivel de la naturaleza, representa la vida de los propios dioses. Por tanto, vemos también en esta filosofía, que el exágono sigue teniendo el "poder de integración" de los diferentes planos de manifestación. También entre los descendientes de los mayas, este polígono es de naturaleza femenina (por tener un número par de lados) y actúa en función de las seis revoluciones cíclicas de la luna y del acabamiento de un periodo en una evolución.

Iconográficamente no debemos olvidar la gran cantidad de veces que se ha utilizado el exagrama, como elemento integrador y evolutivo. El exagrama es una estrella de seis puntas que contiene un exágono perfecto en su interior.

HEPTÁGONO

A pesar de la poca representación iconográfica existente, el heptágono tiene un gran poder energético. Su origen numérico y matemático nos dice que el siete no puede ser generado o multiplicado por ningún otro número. El siete viene a ser como un número virgen. Tanto Pitágoras, como su seguidor Filolao, lo consideran el número principal, simbolizado por la diosa virgen Atenea. De la misma forma que el siete no puede ser generado por otro número, el heptágono también tiene unas características únicas, puesto que indica la transición, el paso de lo conocido a lo desconocido.

El heptágono representa la totalidad del universo "en movimiento"; según Hipócrates, el polígono de siete lados mantiene todas las cosas en el Ser, integra polaridades, dispensa vida y movimiento. Es una forma geométrica reguladora de vibraciones. Por otro lado, el heptágono es el patrón del cambio, es decir, del acabamiento cíclico de las cosas y su renovación. Posee el poder de finiquitar asuntos y dar paso a los siguientes, según la ley de la evolución y los ciclos. El heptágono es el símbolo del dinamismo que permite que un ciclo sea completado. Es un símbolo de perfección y unidad. Lleva implícita en su forma la energía de la fecundación, por generar nuevos estados del ser.

OCTÓGONO

Los polígonos cuyo número de lados son múltiplos de otro número, tienen básicamente la misma significación simbólica que el número simple. Así, el octógono tiene las cualidades del cuadrado, pero dobladas o expansionadas. Si el cuadrado simboliza la tierra y la solidificación, el octógono vendría a ser la materialización y expansión de la propia materia; los logros y la consecución, el poder de la cosecha y la prosperidad.

Esta figura tiene como misión lograr el control y la obtención del poder (tanto de la materia como del universo). Al número ocho universalmente se le considera el número del equilibrio cósmico. Para los pitagóricos el octógono fue llamado "Armonía" (esposa del legendario Kadmos) y simbolizaba la amistad y la justicia.

Según la tradición católica, si toda acción en esta vida viene simbolizada por el cuatro y el cuadrado, así el ocho y el octógono representan la vida vivida con justicia, la consecución y los logros, las virtudes adquiridas, la educación y la evolución. Simboliza a la vez la Resurrección de Cristo (en el 8º día) y la resurrección del hombre transfigurado y evolucionado. Las fuentes bautismales tienen muy a menudo forma octogonal, al igual que los innumerables rosetones de las catedrales. El octógono evoca la vida eterna y el entierro del pecado, que se alcanza por inmersión en el agua bendita bautismal.

El polígono octogonal tiene el valor de mediador entre el cuadrado y el círculo, entre el cielo y la tierra, y por tanto trabaja con el mundo intermedio. El hombre está influenciado por el octógono y por el poder del número ocho, no solamente por el mecanismo de generación y estructura de su cuerpo sino también en la creación y ordenación de todo lo que condiciona su subsistencia. Aunque nos pueda parecer una referencia un tanto extraña, podemos ver que la señal de tráfico, octogonal, que nos dice "stop" (todas las señalizaciones que ordenan la circulación son figuras geométricas significativas), o paro inmediato de todo movimiento por peligro extremo, simboliza también un ordenamiento o un comportamiento necesario si se desea seguir subsistiendo; saltarse un "stop" puede significar la muerte y un cese en la evolución.

No debemos olvidar que en la representación del PaKua en el Feng Shui, y también en el I Ching, existen ocho signos denominados "trigramas" compuestos cada uno de ellos en cada lado de un octógono. Cada lado, con su trigrama, tiene un significado distinto, representando todos los fenómenos que tienen lugar en el mundo y las mutaciones o transformaciones que tienen lugar entre ellos. Los ocho signos sucesivos, no son exactamente las representaciones de las cosas o los sucesos sino su "tendencia a la movilidad". En el bagua del Feng Shui (disciplina que se dedica a la armonización y distribución de los espacios y los hábitats), cada trigrama del octógono representa un espacio o lugar distinto en una casa; la armonía o bienestar de un lugar depende de la ubicación ideal de cada habitación o de su espacio interior. Se dice también que cada lado del octógono y cada trigrama del I Ching (el gran Libro de Mutaciones, es una obra anónima y uno de los libros más antiguos del mundo) representa una puerta dimensional, que potencialmente nos puede trasladar de plano.

DECÁGONO

El decágono es un polígono de gran poder. Puede conseguir la totalidad del Uno, reencontrar la fuerza del inicio. Por ser un polígono de diez caras repite el poder del primer número de la década, de la Unidad, el gran ente. Es un polígono perfecto para "repetir un proceso" porque está cerca del origen, del Uno, que se repite constantemente. Tiene el sentido de totalidad y de acabamiento, o de retorno a la unidad tras el desarrollo de todo un ciclo de purificación y aprendizaje; es su consecuencia.

Para los pitagóricos la década era el símbolo de creación universal y la base del desarrollo de la Tetraktys (1+2+3+4=10) fuente y raíz de la eterna naturaleza. En realidad, el decágono tiene un papel totalizador y dinámico. Expresa tanto la muerte como la vida, pero en su aspecto de alternancia y de coexistencia. Es uno de los polígonos que generan más cambio y transmutación energética.

DODECÁGONO

Esta figura simboliza el universo en su desarrollo cíclico espacio-temporal. Es la multiplicación de los cuatro elementos, tierra, agua, aire y fuego por las tres fases de cada elemento: evolución, culminación e involución. Representa el mundo acabado, la consumación de lo creado y terreno, transformándose en lo increado y divino. En la representación de los ciclos, el polígono de doce caras se nos muestra también en los doce meses del año y en los doce signos del zodíaco.

Podemos observar, a menudo, el dodecágono en los rosetones del arte gótico de varias catedrales como la del Nôtre Dame de París. Representa la perfección, la plenitud y el desarrollo perpetuo del universo, simbolizando pues la "acción permanente" de la vibración cósmica. De hecho, el dodecágono expresa el universo entero, no solamente la imagen del cosmos sino su fórmula, su idea. Es un símbolo geométrico de gran valor en las enseñanzas cosmogónicas y metafísicas. Evoca el misterio de las evoluciones, desde lo fisiológico a lo espiritual, hecho que resume la historia y el sentido del universo.

CÍRCULO

Esta figura representa un símbolo fundamental en la Geometría Sagrada. El círculo es un punto extendido. Tiene propiedades de perfección, de homogeneidad y de ausencia de división. Es el desarrollo o manifestación del Punto Central. El movimiento circular que genera es perfecto, inmutable, sin variaciones, sin comienzo ni fin. Es el símbolo de la Divinidad que produce, regula y ordena. El círculo es el signo de la Unidad principal, su actividad y sus movimientos cíclicos. Representa los ciclos celestes, las revoluciones planetarias y zodiacales y los ciclos anuales. El círculo es de naturaleza expansiva y un signo de gran armonía. Simboliza también el tiempo y la rueda que gira. Es como el soplo de la Divinidad, continuo y expandido en todos los sentidos. Si se detuviera, habría una reabsorción del mundo.

En un Mandala, el paso del cuadrado al círculo es el pasaje de la Tierra al Cielo, de la cristalización del espacio al Nirvana, o indeterminación principal. En la Meca, el gran cubo negro de la Ka'Ba se yergue en un espacio circular blanco, y los peregrinos inscriben, alrededor del cubo negro, un círculo ininterrumpido de plegarias. También podemos observar esta forma sagrada en la circunvalación de las mezquitas árabes y de los stupas budistas; el consejo del Dalai Lama también es circular; la danza circular de los derviches está asimismo inspirada en este simbolismo cósmico. En la iconografía cristiana, el círculo representa la eternidad. Entre los indios de América del Norte, el plano circular es el símbolo del tiempo, del día, de la noche, de las fases de la luna y el ciclo anual; el círculo entraña en sí mismo el perpetuo nacimiento; no es casual que construyeran sus viviendas textiles o tipis, en forma circular.

En magia, como circuito cerrado, el círculo es símbolo de protección y de defensa. Cierra el paso a los enemigos, a las almas errantes y a los demonios. Estos círculos protectores tradicionalmente han tomado forma de anillos, brazaletes, collares, cinturones y coronas y son usados a menudo como amuletos. No sólo han sido objeto de adorno, sino que desempeñan un papel de "estabilizadores", manteniendo el alma y el cuerpo cohesionados, además de protegidos.

Carl G. Jung mostró en sus trabajos, que el círculo es una imagen arquetípica de la totalidad de la psique, y que era símbolo del "sí mismo". En otros contextos el círculo representa al Amor, porque abarca, envuelve y contiene; y a la Justicia, porque está en perfecto equilibrio; y al Espacio-Tiempo, porque contiene todo lo que fue, es y será.

En un principio, ciencia, arte y religión
no eran cosas distintas
sino que estaban inseparablemente unidas.
a pesar de todo, la humanidad se ha
visto obligada a aceptar esta rígida separación.
DAVID BOHM

PITAGORAS Y EL SIGNIFICADO ESPIRITUAL DE LOS NÚMEROS

Pitágoras ha sido quizás uno de los pensadores griegos peor conocidos de la Antigüedad, aunque también, uno de los más mitificados. Fue mal conocido, en gran parte, porque sus profundas e innovadoras enseñanzas se fueron distorsionando cuando los cristianos controlaron el Imperio Romano a partir del siglo IV. Sin embargo, considerando su fecha de nacimiento, alrededor del año 569 antes de Cristo (según la mayoría de las fuentes históricas), podemos contemplar que el impacto de su pensamiento duró, pese a todo, casi doce siglos. Muchos otros grandes filósofos posteriores (incluso más conocidos y populares) basaron sus investigaciones y disertaciones en la obra de Pitágoras. Puede considerarse pues, una importante fuente de conocimiento tanto científico como espiritual.

Pitágoras fue fundador de una auténtica escuela de pensamiento filosófico y científico; un gran matemático, un músico genial y un importante reformador social, teniendo en cuenta su época. Quizá lo más destacado de su obra fue sus "intuiciones" sobre los números (aclararemos esto más adelante) que impregnaron las teorías posteriores más célebres en física y en matemática moderna, incluida la Teoría de la Relatividad.

Antes de adentrarnos en su investigación sobre el poder de los números, vamos a centrar un poco al personaje en su época, puesto que no es fácil situarnos mentalmente 2.500 años atrás. Samos fue el lugar donde Pitágoras vivió los primeros años de su vida; Samos es una isla del Egeo situada frente a Asia Menor, situación que fue de importancia capital para su posterior desarrollo. En las ciudades helénicas de Jonia, donde Pitágoras vivió posteriormente, como Efeso, Mileto y, más allá, Lidia y Anatolia, eran, todas ellas, ciudades prósperas que en aquella época gozaban de cierta libertad y suntuosidad, lo que dio lugar a un renacimiento cultural y científico y a un ambiente intelectual refinado y elegante. Toda esta situación pronto se vió truncada por la destrucción y la tiranía de la invasión persa. Durante un tiempo Pitágoras fue cautivo en Babilonia, circunstancia que representó para él una buena oportunidad para ser instruido en la religión y la filosofía de los hombres sabios de Persia; fue justo en esta época cuando se supone que Pitágoras conoció la doctrina de Zoroastro, mencionada anteriormente en los capítulos dedicados a la Luz.

Para llegar a comprender realmente a los pitagóricos y su forma de vivir y pensar, deberíamos familiarizarnos a fondo con el pensamiento helénico, aunque éste no es el cometido de esta obra; sólo diremos que lo más importante a tener en cuenta, es que los primeros biógrafos de Pitágoras, es decir Apolonio, Porfirio y Jámbico, pertenecen al "renacimiento" pagano de los clásicos, en el siglo III y IV de nuestra era. Es decir, estas fuentes biográficas datan como mínimo de ocho siglos después de la existencia de Pitágoras. Si nos centramos en su época, es decir, cinco siglos antes del nacimiento de Jesús, podremos consultar los documentos históricos de autores clásicos como Empédocles, Heráclito, Ión, Jenófanes, Heródoto, Isócrates y Platón, teniendo en cuenta que éstos mostraron a Pitágoras como una figura muy carismática con los rasgos propios de un gurú o de un chamán.

Así fue realmente considerado Pitágoras en su época, como un personaje místico y milagroso (la taumaturgia fue un aspecto realmente importante en su vida), aunque en aquel momento no fue valorado como pensador y filósofo puro. Sin embargo, los que han interpretado posteriormente a Pitágoras, como un gran pensador con un sistema puramente racional, han pasado por alto que su filosofía es fundamentalmente mística e intuitiva, más que científica y racionalista. Los argumentos de sus conclusiones místicas pueden resultar, según a quién, racionales, irracionales o supra-racionales, porque sus estudios incidían sobre la realidad de lo oculto, o de lo invisible, como la música de las esferas, el cosmos de los números divinos y la visión estética del Uno.

Durante los 99 años de la vida de Pitágoras, existieron dos grandes testigos oculares, Heráclito y Empédocles, que nos dejaron plasmado en sus escritos la doble característica inherente al personaje: por un lado, su inteligencia y su amor por la sabiduría y su temperamento investigador; por otro, sus poderes milagrosos y su facilidad para recibir información del cosmos y entender las revelaciones. Pitágoras sabía convencer a sus seguidores, originando un cambio interior en ellos; no los convencía con consejos moralistas sino con su poder y fuerza psíquica e intelectual. Podemos decir que supo transformar su ansia de aprender, en algo místico y espiritual.

Pitágoras era además un músico genial que, decían, podía controlar a los animales y a los seres humanos con el toque de su cítara. Pero además había descubierto las correspondencias musicales secretas en el cosmos, y que los intervalos armónicos estaban regidos por las matemáticas. Otros historiadores nos muestran sus interesantes y, en aquel contexto, innovadoras teorías sobre la reencarnación, la inmortalidad del alma o como los propios pitagóricos la llamaban: la transmigración.

Otros clásicos helénicos como Aristoxeno, Timeo y Dicearco nos informan de la gran actividad política de Pitágoras y sus seguidores. Lo presentan como reformista y amante de la libertad. En diversas ocasiones incitó a los esclavos de las ciudades italianas a rebelarse contra sus gobiernos tiranos y promovió, en definitiva, el espíritu de libertad entre las comunidades. Se dice de él que liberó a su esclavo Zalmoxis y se hizo su amigo. Muchos pitagóricos de la Época y posteriores, dejaron de tener esclavos y sirvientes en nombre de la autosuficiencia y la libertad interior.

Nos lo muestran también como un gran profesor de aritmética y de Geometría, proponiendo teorías al respecto, muy revolucionarias para la época y profundamente atadas a las Matemáticas. Otras de sus teorías muy interesantes fueron sobre Astronomía y sobre Psiquiatría. Pero una de las grandes innovaciones teológicas de Pitágoras fue en el campo de la Música y la Armonía. La palabra "Harmonía", término clave del pitagorismo significaba "acoplamiento o adecuación entre sí" de las cosas, incluso, según Homero, la Armonía era la "clavija material" con que las cosas se unían; por ejemplo, la afinación de un instrumento con cuerdas de diferente tirantez, creaba una escala musical. El descubrimiento en sí de Pitágoras sobre la armonía musical (demasiado extenso y profundo para lo que ahora nos interesa investigar sobre el poder de la forma) era, en síntesis, que ciertas razones numéricas del universo determinan los intervalos concordantes de la escala musical o, dicho de otra forma, el hecho de haber hallado las leyes numéricas de las notas de la octava.

A la edad de cuarenta años, Pitágoras tuvo que huir a Italia por razones políticas, según las fuentes, y se instaló en Crotona, una colonia griega llamada "la Magna Grecia", donde vivió y trabajó muchos años. Una de sus metas fue promover la igualdad entre las ciudades-estado y eliminar el descontento social y revolucionario de la zona. Sus reformas morales pasaban por refrenar la avaricia y el exceso de lujo, que creaban grandes desigualdades ciudadanas. Una vez, en Crotona, pronunció un discurso sobre sus ideas filosóficas ante mil miembros del Consejo. Otros discursos suyos fueron posteriormente escuchados y muy bien recibidos, como el famoso discurso a los jóvenes del Gimnasio o bien el que pronunció ante un millar de ancianos. El común denominador de todos los discursos de Pitágoras fue el hacer comprender el concepto de "Homonia" o la unión de los corazones y la unión de las mentes. Incluso recomendó al gobierno de Crotona la construcción de un Templo a las Musas, diosas de la Armonía. No debemos olvidar que estamos hablando de una época y de una sociedad politeísta.

En sus discursos, y teniendo en cuenta el tono didáctico y reformador, hablaba de la relación padres-hijos, sobre los hermanos, sobre la amabilidad, el respeto y el amor, sobre la relación de los dioses con los hombres y sobre los "Daimones" (semidioses, intermediarios entre los dioses y los hombres). Incluso habló sobre el cuidado del cuerpo, sobre ciertos alimentos y distintas propiedades de vegetales (laurel, roble, mirto...) así como de la nobleza y la educación. Pitágoras decía que "la educación es la reserva de la persona noble, que duraba hasta la muerte y la única cosa que distingue a los animales del hombre". Con su espíritu reformista (hoy lo llamaríamos un "vervain" positivo, en la jerga de las esencias florales) incluso consiguió persuadir a la clase gobernante para que dejase a sus concubinas en interés de la "Homonia" y al culto de la unión de las mentes.

Así pues, vemos a un Pitágoras, no solamente reformador moral sino también como místico revolucionario, que supo utilizar sus ideas en un contexto social y político. Era, evidentemente, un griego nada corriente, que pronto ganó miles de adeptos. No en vano muchos historiadores han considerado a Pitágoras como un predecesor de Jesús. Con el tiempo se organizó una sociedad de pitagóricos, que significó una gran escuela filosófica, totalmente trascendente para la Historia.

Para entrar en la materia de estudio que nos concierne, mencionaré como elemento puente, otro de sus famosos discursos llamado "El discurso sagrado". Este discurso estaba dedicado a los nativos italianos del Lacio, que inclusive fue distribuido en latín y por escrito. Como Pitágoras creía por encima de todo en la igualdad entre los hombres, decidió relacionarse con los italianos a través de este discurso (los italianos eran considerados un pueblo bárbaro por los griegos) del cual los romanos estuvieron posteriormente muy orgullosos; ellos también lo consideraban a él un griego muy poco corriente. En "el discurso sagrado", el pensamiento teológico radical de Pitágoras se hacía más evidente: trataba los diferentes dioses griegos antropomórficos, como "poderes asociados a ciertos números". Este escrito (de los pocos atribuidos a su propia mano) está lleno de datos interesantes de diversa índole; dejo para los estudiosos su completa lectura y hago una síntesis del contenido filosófico pitagórico solamente en lo que concierne al poder de los números.

Es indudable que Pitágoras fue el primer responsable de los importantes avances que se hicieron en la ciencia de las matemáticas, más allá de su famoso teorema sobre el cuadrado de la hipotenusa del triángulo rectángulo. Pero hay que recalcar y matizar la gran unión que los pitagóricos vieron entre las matemáticas y el contexto espiritual. Para Pitágoras los números tenían un significado místico y una realidad independiente. Los "fenómenos" eran secundarios; los fenómenos solo reflejaban el número.

El número era responsable de la armonía; era el principio divino que gobernaba la estructura del mundo. Pero los números no sólo explicaban el mundo físico, sino que también representaban (o como ellos decían, "eran") cualidades morales y otras abstracciones. Así por ejemplo el Cuatro era la Justicia, porque implicaba reciprocidad; el Cinco era el matrimonio, por la unión del Tres y del Dos, etc. Como dijo Platón "los objetos de conocimiento geométrico son eternos, no sujetos a cambio o a desaparición. Tienden a elevar a las almas hacia la verdad y a formar mentes filosóficas, llevando hacia arriba facultades que indebidamente dirigimos hacia tierra". "La astronomía debe ser estudiada como una rama de las matemáticas en términos de números puros y figuras perfectas, perceptibles para la razón y pensables, pero no visibles a los ojos" (República, 525D y 529 D).

Pitágoras decía que el Tres era el primer número, porque consideraba que el Uno y el Dos eran los "creadores del número" pero que ellos, en sí, no eran números. El Uno, potencialmente es un número par e impar a la vez, por eso fue llamado hermafrodita o macho-hembra. El Uno es la fuente de los números impares y origen de todos los demás. El Uno es el origen del límite y la forma (o Eidos), que los griegos consideraban como un principio cósmico, puesto que sin figura y sin forma, el cosmos sería un caos asimétrico de materia. Para Pitágoras el Uno se identificaba con Apolo, con quien decían que mantenía una relación muy estrecha; a veces lo comparaban con Zeus, padre de los dioses y creador del Cosmos.

El Uno no sólo poseía cualidades hermafroditas (arseno-thelys) sino que era designado con otros nombres como "la causa de la verdad" o "amigo" o "nave". también lo compararon a menudo con la palabra "barrera" (bysplex) o instrumento utilizado por los griegos para dar la salida en las populares carreras de carros. Se aplicaba este ejemplo, porque la carrera, al igual que el Cosmos, no es continua y recta, sino circular y cíclica. Los períodos cósmicos empiezan con el Uno (o barrera) el cual "pone en marcha el proceso cósmico". También asociaron a este ejemplo los ciclos de reencarnaciones, similares a los procesos del universo.

El nombre griego para el Uno o Mónada es "monas", que deriva de "permanecer". Así el Uno es el símbolo de la permanencia en el Cosmos. Se identificó con el fuego central, el Sol o el hogar del universo. Pero para Pitágoras y sus primeros seguidores, nuestro sol no era el centro del Cosmos sino "una especie de cristal receptor que recogía la luz y el calor del fuego central o Uno". Ese Uno o fuego central llegó a relacionarse con la mente (Nous) que se extendía por el universo y le daba orden.

Del Uno, decían, procede todo lo que es "bueno" en el universo, y es origen de los números impares. En el sistema de aritmética pitagórica "los lados que rodean los números" (Gnomon), siempre forman cuadrados alrededor de los números impares (no ocurre lo mismo con los números pares); por esa razón el polígono cuadrado es símbolo de igualdad y regularidad. Pero para poder explicar cómo se creó el Cosmos y los otros números, necesitaban un contrario para el Uno: la Díada, el Dos. Para Pitágoras el Cosmos era la "unión de los contrarios", una armonía de elementos finitos e infinitos. El Uno es el origen de lo finito, y se le denominaba "amigo" porque Pitágoras definía al amigo como un "alter ego" (con todas las connotaciones profundas y espirituales que implica esta definición). Es el número que da límite y equilibra todos los elementos y los hace amistosos y armoniosos entre sí, para formar una Unidad. Tanto entre los pitagóricos como entre los platónicos, el Uno se convirtió en un poderoso símbolo metafísico alrededor del cual se construyeron otros sistemas metafísicos.

Al Dos o la Díada, la consideraban la creadora de lo infinito. Era el origen de la desigualdad e irregularidad en el Cosmos; por tanto, el Dos, al que llamaban "Kakos daimon", era el espíritu maligno. Aquí vemos que predominaba el espíritu de dualismo que Pitágoras había aprendido de Zaratas en Babilonia; el Cosmos se consideraba como una tensión entre las fuerzas del bien y del mal, comprometidas en una eterna lucha. Aunque Pitágoras creía en ciertos dualismos, expresó el conflicto del Cosmos en términos de combate entre lo finito y lo infinito (conceptos más abstractos y menos personificados). Así pues, la Díada era asignada como el espíritu del mal, por su proximidad al Uno que era su contrario en todos los sentidos.

El Dos es también símbolo de todo aquello que es excesivo o defectuoso en el universo. Este elemento maligno del Cosmos, que se resiste a la actividad del bien se le denomina "materia" o elemento femenino (como vimos en otros capítulos: el yin, la oscuridad, sin la cual no existiría la luz). Este acto original de la Díada para separarse del Uno, fue considerado un acto de temeridad e imprudencia; con ello el Dos creó el mundo material de tres dimensiones (diremos de paso que los pitagóricos tenían como única tarea el eliminar de sí mismos todo lo material, purificarse, e incorporarse en la unidad primordial del Uno). Tenían una concepción de la formación del Cosmos, como la imposición del Límite a lo Ilimitado, de forma análoga a la impregnación de la materia masculina, o semilla portadora de la forma (Uno, impar, límite) fecundando la materia femenina (Dos, par, ilimitado). Así creó Pitágoras una lista de contrarios, a mi entender muy interesante, por el gran paralelismo con la teoría china del Yin-Yang, doctrina que aparece algo después del pitagorismo, sobre el año 300 a. de C. (debemos tener en cuenta las limitaciones de las vías de comunicación de la época entre el Mediterráneo y la China).

En esta lista de contrarios es interesante observar que hay diez términos contrarios, puesto que el Diez era el número perfecto para los pitagóricos, de lo cual hablaremos en el apartado de la Tetraktys. El Diez representa el límite del Cosmos, el límite de los números importantes, la Década, del cual parten todos los demás.

LISTA PITAGÓRICA DE CONTRARIOS

Límite - Ilimitado
Impar - Par
Uno - Múltiple
Derecho - Izquierdo
Masculino - Femenino
Estático - En Movimiento
Recto - Torcido
Luz - Oscuridad
Bueno - Malo
Cuadrado - Oblongo

El mundo de la materia está manifestado por el Tres, que representaba una etapa más allá de la Díada original y las tres dimensiones. Al ser el primer número verdadero (ya no las semillas o el principio), el Tres estaba relacionado con la pluralidad y la multitud. Fue comparado a menudo con el "alma cósmica" que se extendió por el universo para darle vida. El alma se comparó constantemente con un triángulo, especialmente con el "triángulo zoogónico" que dio vida al cosmos y fue fundamento de los átomos cósmicos del fuego, del aire y del agua. El Tres fue usado por los griegos en fórmulas mágicas y conjuros diversos, por las grandes propiedades que poseía.

El Dos era considerado "la fórmula de la línea". Al ser el Triángulo la primera figura plana en geometría, los pitagóricos relacionaron el número Tres con "el plano" y el proceso de formación del mundo en tres dimensiones; siendo el poder del Cuatro quien completó los sólidos geométricos y le añadió "volumen" al plano. Así podemos ver que existen tres fases en el proceso de generación: 1) Generación de los números a partir del Límite y lo Ilimitado. 2) La generación de las figuras geométricas a partir del Número, y 3) La generación de los objetos físicos a partir de lo Sólidos geométricos. Lo que no sabemos es si los pitagóricos pensaban en este proceso como real en el tiempo o era una realidad conceptual lógica cosmogónica.

La Tetraktys o el número Cuatro era el poder que completaba el proceso de cambio constante; el creador cósmico de los universos. Los objetos eran producidos por puntos, líneas, superficies y sólidos. Para los pitagóricos el Cuatro era sagrado y un número de gran importancia; lo consideraban doblemente sagrado porque el Cuatro era el número por el que hacían el juramento de su sociedad: "Juro por aquel que ha transmitido a nuestra mente el Cuatro sagrado, raíz y origen de la naturaleza eterna en continuo fluir". Las razones de la perfección del Cuatro de la Naturaleza podían verse por la forma en que creían que el Diez o la Década estaba escondida en su seno e implícita en la suma de las tres series numéricas que conducían al Cuatro y producían el Diez:

$$1 + 2 + 3 + 4 = 10$$

Los pitagóricos representaban gráficamente este número mediante la figura de puntos compuestos triangularmente, figura conocida como Tetraktys que se convirtió en un símbolo sagrado entre ellos. Por supuesto que el Cuatro era considerado también una de las claves de la naturaleza; las raíces de toda existencia; los cuatro elementos fundamentales: Fuego, Aire, Agua y Tierra. La Tetraktys ocupa un lugar central en el pensamiento de los pitagóricos. Se convirtió en el símbolo del alma, comparándola a un cuadrado. Los cuatro primeros números fluyen en los cuerpos sólidos del mundo físico; cosas como las cuatro estaciones, los cuatro elementos, las cuatro edades del hombre, las cuatro partes o sucesiones observadas de las cosas que crecen: semilla (el 1), altura (el 2), profundidad (el 3) y espesor o solidez (el 4). Estaba considerado hasta tal punto una clave del mundo natural, que llegó a ser llamado el número raíz (Rhizomata) de toda la existencia.

También en la Tetraktys musical griega, encontramos cuatro

armónicos principales en la escala diatónica que, para los pitagóricos, estaban relacionados con la substancia inmortal de los dioses. También se atribuye a Pitágoras (aunque más tarde Platón lo utilizó mucho en sus teorías psicológicas) la idea de que el alma está identificada con la Tetraktys porque está compuesta de 4 partes y son Cuatro las facultades psíquicas del hombre: conocimiento, inteligencia, opinión y sensación. Aquí cabe observar, en mi opinión el paralelismo existente entre los chakras más elevados del hombre, correspondiendo el 7º Ch al conocimiento, el 6º Ch. a la inteligencia y comprensión, el 5º Ch. a la opinión y comunicación y finalmente englobaría en lo que él llamó "sensación" la actividad de los cuatro chakras primarios de percepciones (Ch.1), sensaciones (Ch.2), emociones (Ch.3) y sentimientos (Ch.4), respectivamente.

Por lo que respecta a la esencia de los otros números, existe menos documentación y no tienen la enorme importancia de los cuatro primeros números más el Diez; pero diremos que el Cinco era considerado como un número de "unión y de matrimonio", por contener la fuerza del primer par (el Dos) más la del primer impar (el Tres) o macho y hembra. Para Pitágoras era el número de las cinco formas atómicas: la pirámide (fuego), el cubo (tierra), el octaedro (aire), el icosaedro (agua) y el dodecaedro (Éter). Por otra parte, el Cinco es el primer número que incorpora el quinto elemento en nuestro medio, el Éter o Aither, substancia etérica formadora, de connotaciones mucho más espirituales y eternas.

El Seis fue importante porque fue considerado el primer número perfecto, que sumando "los tres principios", Mónada, Díada y Alma o Forma, es decir 1+2+3=6. Si se divide el Seis de cualquier manera, las partes que se quitan son iguales a las que se quedan. Tanto el Cinco como el Seis se consideraban números circulares porque sus poderes siempre producen productos terminados en 5 o en 6; de ahí que el cubo de 5 es 125 y el cubo de 6 es 216. Así mismo, decían que era un número muy místico porque representa los intervalos de tiempo entre cada encarnación. Para Filolao, uno de los pitagóricos más fieles al Maestro, el Seis era crucial por representar los seis niveles de la naturaleza animada. El nivel más bajo de vida era la germinación, los espermatozoides y las semillas; el segundo era la vida de las plantas; el tercer nivel corresponde a la vida irracional de los animales; el cuarto representaba el ser racional del hombre; el quinto nivel corresponde a la vida de los daimones o mediadores entre los dioses y el hombre; el sexto nivel y último representa la vida de los propios dioses.

El poder del Siete era el de la "oportunidad", en el sentido de evolución. Lo consideraban así porque en la naturaleza, los momentos de plenitud, o períodos, respecto al nacimiento y madurez, resultan ser ciclos de siete. El Ocho era significativo debido a la armonía entre sus partes (el cubo de 2 es 8 y además 2+2+2+2-8); el poder del Ocho está pues en su Armonía; lo denominaron así en nombre de la esposa del legendario Kadmos, descendiente de los fenicios (como el propio Pitágoras). Según los antiguos egipcios existen ocho dioses importantes. Por su armonía el Ocho se convirtió en símbolo de amistad y fue llamado también Eros.

El Nueve es el límite de los números y se le llamó Prometeo por su fortaleza; el Nueve era lo suficientemente poderoso como para controlar los otros números, por ser el mayor de la década y punto de partida antes de comenzar de nuevo la serie numérica. Era también símbolo de justicia porque su raíz cuadrada es el Tres.

La importancia que concedieron a la Década o Diez se debía a que los diez primeros números "son la unidad básica para contar" que, una vez conseguida, se puede repetir "ad infinitum". Es el número perfecto para repetir el proceso porque está cerca del origen de los números, la Mónada. El Diez es el símbolo del límite y la forma, que interrumpe la continuidad del infinito y permite al hombre contar. Todos los números fueron identificados con los dioses, porque los números son las creaciones más abstractas e inmateriales de la mente humana y lo más cercano a la inmaterialidad de los dioses. Así, para Pitágoras, el Diez es la suma de las unidades divinas que mantienen unido al Cosmos. Esa es la razón por la que lo llamó "el todo perfecto" (Panteleia). En realidad, Pitágoras relacionó los números con los dioses porque vivió en una época politeísta, pero de su propia doctrina se deduce, en innumerables ocasiones, que el "número no fue una creación de la mente humana, sino algo que existe por sí mismo". El Diez es perfecto (al igual que los otros números) porque es un "ser viviente" que revela sus maravillosas propiedades al hombre.

Respecto a la generación de las figuras geométricas a partir de los números, Pitágoras describe la totalidad del proceso de la génesis diciendo que la Mónada (Uno), combinándola con lo Ilimitado (Dos), genera los números; de los números surgen los puntos; de los puntos, se crean las líneas, de las líneas las figuras planas; y las figuras planas generan los sólidos volumétricos; finalmente, de las figuras sólidas se forman los cuerpos sensibles. Debemos recordar que había una costumbre primitiva, que perduró hasta las matemáticas griegas, de representar los números en forma visible, por hileras de puntos, dispuestos en dibujos ordenados; eso fue lo que dio a su aritmética un sabor geométrico y las relacionó íntimamente (hoy ya no es así). En definitiva, lo que ellos predicaban era que la base de la naturaleza es numérica.

Si de pronto nos trasladamos dos mil quinientos años hacia el futuro, podemos hacer una comparación de todo lo revisado en este capítulo, con los sentimientos de un físico moderno, C.F.von Weizsacker (en "The Worldview of Physhics"):

"El elemento ideal en la naturaleza consiste en el hecho de que las leyes matemáticas, que son leyes de nuestro propio pensamiento, realmente están ínsitas en la naturaleza. Y ese asombro profundo, que experimentamos muy a menudo ante el orden interno de la naturaleza, se relaciona, ante todo, con la circunstancia de que, como en el caso de los cristales, nosotros ya hemos reconocido los efectos de esta "matemática de la naturaleza", mucho antes de que nuestro propio conocimiento matemático se hubiera desarrollado suficientemente para comprender su necesidad".

Para completar de una forma justa esta pequeña síntesis sobre este gran personaje Pitágoras de Samos y su inaudita obra, me gustaría comentar otras cosas, a mi parecer, muy importantes, aunque están fuera del contexto del estudio de la forma geométrica y el poder numerológico que ella contiene. Uno de los comentarios es sobre el gran descubrimiento científico y espiritual que Pitágoras hizo en el campo de la Música; dentro de la exposición anterior, este hecho no ha quedado suficientemente reflejado, entre otras cosas porque la Geocromoterapia no incluye aún el sonido como poder terapéutico y por tanto no he creído adecuado profundizar por el momento en todo lo que se refiere a la armonía musical. Debo decir que la cosmología de los pitagóricos incluye su extraordinaria teoría de las "Armonía de las Esferas", que tiene un gran influjo de las leyes matemáticas, las cuales están en íntima relación con la música. Dejo para los especialistas e interesados en el tema, alguna bibliografía de consulta, al final del libro.

Por otro lado, quiero resaltar que Pitágoras enseñaba algo, a mi parecer, trascendente, y que además nos puede aclarar algo importante respecto a los filtros geométricos empleados en el método Geocrom. El Maestro de Samos decía que "las cosas existentes deben su ser a la imitación, o "Mimesis" de los números del Cosmos". Mimos, en griego, o actor, significa tanto imitación como representación. Pero sabemos que un buen actor no es el que hace solamente una buena representación de su papel, sino que se mete en él, o como decían los propios griegos, el papel o el personaje se mete dentro de él y utiliza sus gestos. Más tarde Aristóteles igualó la "mimesis" pitagórica con la noción de que la materia "participa" de las ideas o conceptos (los números, los polígonos...).

Platón quizás lo describe mejor, denominando la mimesis como imitación o patrón de los "modelos" cósmicos o del mundo sensible. Sea imitación, modelo o patrón, y el hecho de que las formas geométricas sean arquetipos de los números, significa que cada una de las formas son representaciones o patrones de una realidad cósmica, trascendente y eterna; así los filtros geométricos de color y de luz (arquetipos Geocrom) toman su sentido de ser y su utilización, como equilibradores de nuestra realidad tridimensional; cada filtro trabaja bajo esta ley de "mimesis", y recoge los poderes de salud, belleza, armonía, bondad, paz, prosperidad, espiritualidad y de todas las realidades perfectas del macrocosmos y las trasladan al pequeño mundo de los hombres.

Otro aspecto que he omitido hasta el momento es todo lo referente a la organización de la sociedad pitagórica. Hay mucho que decir sobre la "secta" (aunque esta palabra hoy día se encuentra desvirtuada) que llegó a organizarse alrededor de las doctrinas de Pitágoras, aunque este aspecto quizá sería más interesante tratarlo aparte. Sin embargo, una de las cosas interesantes sobre aquella organización era la ley del silencio o secretismo existente entre los miembros de la comunidad. Este carácter secreto de los descubrimientos pitagóricos ha constituido una gran dificultad para los historiadores. Jámblico, quizá el más importante de ellos, nos dice que

Pitágoras obligaba a los aspirantes a la sociedad, a guardar cinco años de silencio absoluto como parte de su noviciado. Aparte de las normas de comportamiento al entrar en la sociedad, existía un profundo secretismo respecto a cada una de las ideas filosóficas y matemáticas, por tratarse de una verdadera escuela iniciática que protegía su legado espiritual. Esta era una norma tan importante, que se han encontrado varios comentarios de diferentes historiadores que lo confirman; por ejemplo, se dice que "Hípaso fue castigado por revelar al mundo un secreto de geometría". Sin embargo, hay que destacar que se guardaban más celosamente los "secretos matemáticos" que cualquier otra doctrina sobre el alma o los dioses.

Existía dos tipos de pitagóricos, los "acusmatici" y los "matematici". Para los acusmatici la filosofía consistía en sentencias orales y consejos sobre modos de vida. Eran los más devotos de tipo religioso y los que habían "escuchado" preceptos resumidos sin explicación. A los otros se les llamaba "mathematichi" y eran los que los pitagóricos habían adiestrado personalmente en las partes más profundas y elaboradas de su sabiduría. De todas maneras, estas dos facetas del aprendizaje nunca pudieron ser separadas por completo. En todos los casos, para formar parte de una comunidad de pitagóricos (llegaron a haber muchas comunidades esparcidas por el Mediterráneo) el adepto debía pasar por un ritual iniciático; "la iniciación" no sólo era una parte esencial, sino que estos ritos tenían que renovarse periódicamente.

Fue también Pitágoras quién introdujo un nuevo significado a la palabra "Philosophos" (y así se denominaba a él mismo) cuyo significado era ahora para él "amante de la sabiduría". Antes, esta palabra significaba "curiosidad". Para el Maestro, Philosophía era "purificación" y "usar la razón y la observación para obtener el conocimiento" siendo ésta la manera de escapar del ciclo. También fue el primero en aplicar al "mundo", el término "Kosmos", como sinónimo de orden, perfección y belleza.

Las comunidades pitagóricas fueron surgiendo aquí y allá en Italia, Grecia y otras tierras. El legado de Pitágoras fue creciendo en cantidad (comunidades) y en calidad, puesto que se desarrollaron otras investigaciones en matemáticas, astronomía, cosmología, filosofía, etc., partiendo de las enseñanzas de Pitágoras. Sobre el año cincuenta de nuestra era cristiana, un senador mandó desterrar de Italia a todos los matemáticos, es decir magos y neopitagóricos, los cuales se habían multiplicado en Roma, especialmente en los últimos cien años. Incluso durante la época del emperador Claudio, se mandó sepultar "el lugar de reunión o templo de una secta misteriosa".

En 1917, al derrumbarse parte de la vía férrea de Roma a Nápoles, muy cerca de la Puerta Mayor, se reveló la existencia de una cripta subterránea, muy rica en ornamentos y simbología, que había pertenecido a una sociedad pitagórica. Se dice que Pitágoras, además de la casa de reunión en Samos (su isla natal), había habilitado esta gruta subterránea italiana como antro de reunión e iniciación conocida como Casa de Philosophía. Aunque no sean de mi agrado los finales tristes, debo decir que son varios los historiadores que coinciden en documentar que Pitágoras, al final de su vida y de su exilio, se retiró al Templo de las Musas, donde murió de inanición.

Sólo me queda decir, con gran sorpresa y admiración, que este gran maestro de la Antigüedad nació y vivió en aquel fructífero y espléndido siglo VI a.c. justo el mismo siglo que vivieron Zoroastro, El Buda Gautama, Lao Tsé y Confucio, siendo considerados todos ellos como "daimones", verdaderos intermediarios entre el Cielo y la Tierra.

Al crecer el conocimiento científico
nuestro mundo se ha ido deshumanizando;
el hombre se siente aislado del mundo.
CARL G. JUNG

EL FENG SHUI Y LA INFLUENCIA COTIDIANA DE LA FORMA

El Feng Shui es conocido como un sistema útil y práctico para dar armonía a nuestro hábitat, distribuyendo los espacios interiores de una forma energéticamente equilibrada y evitando la cercanía o utilización de ciertos elementos formales, perjudiciales o agresivos para nuestro sutil campo de energía personal. Muchos autores consideran a menudo el Feng Shui como el arte de la ubicación idónea.

La hipótesis que subyace en el antiguo método del Feng Shui es que, absolutamente todas las formas que nos rodean crean una influencia a nuestro alrededor que, o bien nos equilibran y armonizan, o bien nos producen el efecto contrario. La filosofía inherente al pueblo chino, en sus múltiples aplicaciones terapéuticas y vertientes es que, en el Universo, todo está intercomunicado y relacionado entre sí. No existe ningún objeto o elemento que exista aislado del resto. La continua relación de las partes de un Todo, hace que exista un complejo y permanente movimiento de ondas. Así, toda "forma" genera una dinámica en el espacio.

Los tres conceptos básicos en los que se basan las ciencias del Feng Shui, así como la Medicina Tradicional China y otras metodologías de trabajo, es que, todo está vivo, todo cambia y todo está relacionado. Partiendo de esta red de comunicación permanente, la energía de todas las cosas (sean moléculas o pensamientos) circula e interactúa con el resto del Universo.

No tiene nada de extraño que fuera precisamente una mente china la que ideó este método de armonización, tradicionalmente llamado Feng Shui. Se trata de una de las ciencias de la distribución de los espacios (como la geometría y la arquitectura), basada en una experimentación de más de un milenio. En realidad, yo no conozco otra como tal, es decir, como una ciencia empírica con una filosofía o ideología de base, puesto que los métodos occidentales de distribución del espacio generalmente están basados en gustos personales o corrientes de moda temporales. Los primeros documentos escritos sobre Feng Shui proceden de la dinastía Song, entre el año 1126 y 1278 de nuestra era, aunque su experimentación, y la transmisión oral de la misma, parece ser que tiene una antigüedad de 3.000 años.

Este método no solamente posee una base filosófica, sino que es una ciencia interdisciplinar. En primer lugar, el Feng Shui está directamente asociado a la Medicina puesto que su finalidad última es precisamente la de proporcionar salud y armonía a los habitantes de un espacio; pero también está íntimamente asociado, y engloba en sí mismo, a la Arquitectura, al Urbanismo, a la Geometría, a la Matemática, a la Física, a la Metafísica y al Arte. Al ser la ciencia de la distribución del espacio, el Feng Shui también ha sido considerado a menudo como un arte, de forma parecida a como se clasifica la Arquitectura.

La matriz del método surgió primeramente de la observación, como muchas otras disciplinas existentes; sin embargo, el esquema armónico en el que se basa, llamado también el Bagua del Feng Shui, surgió del Libro de las Mutaciones o I Ching, considerado un excelente libro de estudio sobre los procesos de cambio y mutación, de todas las etapas vitales del hombre dentro del universo. En mi reciente libro "Armonía y Hábitat" doy más explicaciones al respecto; sin embargo, dentro de esta parte del ensayo en la estamos revisando el valor de las formas, tengo que decir que el I Ching está a menudo considerado el libro más antiguo del mundo y con un contenido de sabiduría de alto valor. El hecho de que en el Feng Shui, la base de distribución de los espacios parta de una síntesis matemática derivada de los ocho trigramas del I Ching es, según mi opinión, una garantía de seriedad y autenticidad. No es frecuente, ni en oriente ni en occidente, que un libro permanezca vigente durante cinco mil años.

El bagua del Feng Shui es la abstracción de un espacio dividido virtualmente en nueve zonas diferenciadas; cada una de estas zonas tiene unas características energéticas diferentes y unas propiedades vitales y psicológicas específicas. A un nivel práctico, eso significa que, si alguien quiere descansar o dormir en una zona de la vivienda que está energéticamente asociada al trabajo, a la acción o la economía (como serían las zonas 4 o 1 del esquema armónico del Feng Shui de la vivienda en cuestión), le será francamente difícil: o bien tendrá un mal descanso o una recuperación superficial o, con el tiempo, bajará su sistema de defensas y acabará enfermando. Por el contrario, si desea trabajar, generar economía y prosperar, en una zona apropiada para estudiar o para descansar o para divertirse y comunicarse con los amigos, su diligencia en el trabajo o la remuneración de sus esfuerzos se verá seriamente afectada, con todas las consecuencias psicológicas que eso conlleva. Insisto en que la practicidad de este método puede verse mucho mejor reflejada en el libro "Armonía y hábitat", puesto que ésta fue precisamente la finalidad de la obra.

El Feng Shui, conceptualmente, sea un arte o una ciencia de la distribución y armonización de los espacios es, por encima de todo, un sistema de conocimiento. Conocimiento del valor de las formas, de las fuerzas energéticas que circulan a nuestro alrededor y de los patrones rítmicos de la vida. Con el estudio del Feng Shui, aprendemos a leer los espacios de una forma diferente, como si se trataran de entidades vivas, activas, pulsantes. Aplicando sus principios, ordenamos nuestro espacio vital; a partir de este orden, equilibramos nuestro "espacio interior" o psicológico.

El hecho de que el Feng Shui no separe el contenido formal del contenido energético, es una de las cosas que lo hace más interesante y valioso; y en el contenido formal se incluyen también los valores del color y de la luz. Puesto que jamás podrá verse una forma, en la Tierra, que no esté dotada de luz, lo cual generará en ella cierto tono o color, aunque sea pálido, blanco, negro o transparente.

Cuando la gente adquiera una sensibilidad más fina
y más profunda por el uso de las formas casi abstractas,
la cuestión de la evolución
tendrá cada vez más importancia práctica.
VASSILY KANDINSKY

EL SENTIDO DE LA GEOMETRÍA COMO FUERZA CURATIVA O EQUILIBRADORA

Si retomamos la sabiduría contenida en el I Ching y observamos que en el plano del bagua del Feng Shui existen ocho combinaciones posibles (8 mutaciones o cambios, los 8 trigramas) y su representación gráfica es en forma octogonal, no cabe suponer que el ocho sea un número (o una forma) que surge arbitrariamente o por casualidad. Según Pitágoras, el Ocho es el número de la Armonía por excelencia y, además, es la duplicidad de la sagrada Tetraktys que completa todo proceso de cambio en el mundo. Según la simbología tradicional, el Ocho representa la expansión de la materia y la consecución del proceso mismo de evolución. El octógono del bagua del Feng Shui es la forma del equilibrio entre la Tierra y el Cosmos. No nos extrañemos si en algún momento oímos o leemos que cada uno de trigramas de la forma octogonal, o cada lado de un polígono, es una puerta dimensional que, potencialmente, nos puede trasladar de plano.

Está claro que las otras formas geométricas no actúan indiferentemente en nuestro entorno. Cada una de ellas crea un tipo de armonía o dicho mejor aún, cada forma "atrae" o sintoniza con un tipo de energía diferente.

- Los triángulos pueden actuar sobre nuestro entorno proporcionándonos una reflexión (o espejo) de la Verdad única universal. Estas formas de tres lados o tensiones crean un puente de comunicación entre lo cósmico–intangible y lo terrenal–materializado. Dinamizan y direccionan las fuerzas sutiles.

- Los cuadrados representan, insertos en nuestras viviendas, toda la energía de materialización, conexión con la tierra y con la vida más primaria. Nos dan prosperidad y posibilidades. La forma cuadrada nos ayuda también a relacionarnos positivamente con la muerte, el renacer y los cambios en el tiempo.

- Los pentágonos proporcionan la energía de integración y unificación de nuestros aspectos yang (mental, masculino, fuego...) con nuestros aspectos yin (emocional, femenino, agua...). El pentágono es una figura de tipo andrógino que nos eleva de vibración y potencia el conocimiento, aspectos todos ellos que nos protegen de las vibraciones densas. Es un polígono de síntesis y poder.

- Los exágonos aportan equilibrio entre nuestros tres vehículos inferiores —cuerpo, pensamientos y sentimientos—, y nuestro vehículo superior o Espíritu inmortal. La forma con seis lados es la energía de la integración de fuerzas y de la conjunción de los opuestos. (la palabra Exágono está admitida sin la H, según la RAE y de este modo también se diferencia más del Heptágono)

- Los heptágonos aportan el patrón de cambio y el desplazamiento de los códigos existentes. Es un gran polígono para la renovación de las energías de un lugar o de una persona (especialmente en cierto grado o intensidad de evolución). Es una forma que "regula" las vibraciones en cada etapa.

- Los octógonos nos dan la fuerza del poder de la expansión. La cosecha y el reconocimiento. Las influencias de las formas octogonales controlan el ritmo de la vida terrenal vinculada a lo celestial y eterno, proporcionándonos la armonía necesaria para trascender el sufrimiento.

- El decágono tiene un gran poder dinámico y trabaja básicamente con la polaridad de fuerzas. Esta forma está constantemente haciendo un retorno a la Unidad, porque equilibra los polos opuestos. Incide en todos los campos eléctricos que nos rodean y en todas las fuerzas duales que nos desarmonizan o alejan de la Unidad. Tiene el poder del final y del retorno, tras el desarrollo del camino.

- El círculo es la forma más sagrada de la geometría que influye en nosotros. Todos los polígonos regulares pueden inscribirse dentro del abrazo y la perfección del círculo. Un círculo representa lo inmutable pero cíclico, lo ordenado pero en constante movimiento; si el cuadrado es antidinámico y estable, el círculo es la manifestación del espacio en infinita evolución y cambio. Es el escudo por excelencia; un círculo no se puede romper de fuera para dentro, aunque sí al contrario.

- El dodecágono; esta figura nos lleva a la perfección y nos ayuda a trascender el ciclo espacio-temporal; es uno de los polígonos más espirituales de la Geometría Sagrada, con un potencial evolutivo de alta vibración. Hasta ahora no existe todavía ningún filtro Geocrom para el Hábitat, con esta forma de doce lados, aunque sí existen dos dodecágonos (uno violeta y otro rosa) para nuestra salud (filtros que se proyectan en los chakras) con fuertes connotaciones de evolución espiritual.

Si asociamos una forma geométrica a un color y a una "transparencia", a través de la cual pueda actuar la luz, se crea un sistema de arquetipos y patrones de comportamiento energético. Este trabajo de asociación es el que he venido realizando hasta ahora. Por la Ley de Sintonía o Similitud o Analogía, los filtros geométricos de color hacen que nuestro entorno vibre en la misma frecuencia que el macrocosmos en equilibrio. La perfección existente en el Universo y en la Naturaleza, con todas sus formas y tensiones en equilibrio, repercute en nuestro entorno o en nuestra salud, en especial cuando utilizamos representaciones de estas formas elementales. Estas formas o patrones de comportamiento o modelos de perfección y equilibrio energético influyen en el comportamiento de nuestras células, en nuestro comportamiento psíquico y emocional e influyen también sobre cualquier campo de energía existente sobre los seres vivos que viven cerca de esos patrones.

Podemos contemplar las formas geométricas (sobretodo si las integramos a una fuente lumínica y a un color) como si fueran esquemas; esquemas sintéticos de las formas que toman las fuerzas tensas y vibrantes del cosmos. Cada punto, cada ángulo de estas formas geométricas, es una tensión que apunta hacia un lugar del espacio, y que genera una proyección de líneas, dentro de un ángulo concreto, las cuales se encuentran con otra tensión o fuerza, encuentro que genera un nuevo ángulo y así va construyendo de forma armónica y simétrica ciertas representaciones de la perfección energética del universo.

Estos esquemas de las complejas fuerzas existentes en el infinito Universo son como los arquetipos de su equilibrio. Cada forma geométrica perfecta, es un arquetipo diferente de la Realidad más allá de nuestra (tercera) dimensión. Estos arquetipos de la evolución, por el Principio Universal de Analogía, pueden aplicarse a nuestra realidad, inserta en este Universo. Cuando contemplo cualquier forma geométrica perfecta, a veces tengo la clara sensación que me comunica autoconsciencia: me hace crecer e integrarme conscientemente en el Cosmos. En realidad, cada arquetipo geocromático crea una pequeña modificación de la consciencia del ser vivo. Contienen en sí mismos un patrón armónico de la realidad última universal; contienen un mensaje subliminal que amplía las virtudes de todo ser y genera su evolución consciente.

Este mensaje subliminal de las formas geométricas, seamos conscientes o no de él, actúa en nosotros de una forma profunda y sutil. Estas formas implantan en nosotros una efusión de fuerza procedente de otros planos distintos al nuestro. La influencia cercana de cada forma, en definitiva, extrae del Vacío o del Espacio Cósmico, unos modelos esenciales o arquetipos, para el progreso y expansión de nuestra energía primordial o esencia.

El orden del universo es la geometría.
El orden de la energía es la luz.
El orden de la luz es el color.
MARTA POVO

TEORÍA DE LA CAUSACIÓN FORMATIVA Y LA RESONANCIA MÓRFICA

El bioquímico británico Rupert Sheldrake ha desarrollado recientemente una teoría revolucionaria, para el ámbito científico ortodoxo, que ha sido comparada en importancia a la Teoría de las Especies de Darwin. Tanto revolucionó en 1981 esta nueva hipótesis sobre la existencia de la materia, que su discusión ha llegado a generar numerosos debates en la prensa escrita, radio y televisión de todo el mundo. Diferentes entidades ofrecieron premios substanciosos para la demostración de esta teoría. Con su Hipótesis de la Causación Formativa, y todo lo que de ella se deriva, Rupert Sheldrake ha desafiado las convenciones establecidas por la ciencia clásica, causando una gran polémica intelectual que, a mi parecer, es de suma importancia y representa, o puede representar, un enorme paso para la apertura de las mentes en el ámbito de "lo invisible" y a la larga, para la integración de la ciencia con el espíritu. Puesto que en esta parte del libro estamos revisando los aspectos concernientes a "la forma", he decidido exponer esta hipótesis científica contemporánea para intentar comprender su concepción, sus características y propiedades, en aplicación para la vida del hombre, además, a mi entender, posee también un sabor místico importante y, por tanto, me parece digna de ser revisada en este contexto, a pesar de su aparente complejidad.

Rupert Sheldrake mantiene que los sistemas materiales son estructuras dinámicas que se recrean constantemente a sí mismas. Ya no debemos ver a la materia como si estuviera constituida por partículas sólidas o "bolitas" que perduran a través del tiempo. ¿Cómo se generan las formas particulares de cada organismo? Más allá de los genes, existe una especie de información que se transmite. Además, Sheldrake afirma (y las investigaciones llevadas a cabo hasta el momento lo demuestran) que esta información se transmite a través de grandes distancias. Tanto en su libro "Una nueva ciencia de la vida" como en "La presencia del pasado" explica que los organismos y las especies pueden aprender, adaptarse y desarrollarse a través del proceso de resonancia mórfica.

Todo sistema en la naturaleza, todo ser viviente (unidades mórficas) hereda una memoria colectiva. Un famoso ejemplo de ello, que ha dado ya la vuelta al mundo, es que "si una paloma de Londres aprende un hábito nuevo, de forma automática otras palomas del mundo, no importa la distancia, manifiestan la tendencia a aprender el mismo hábito y, de hecho, lo aprenden y lo incorporan a su vida" (se sobreentiende que estas palomas no se han desplazado. Hay muchos otros ejemplos demostrados). Por supuesto, ocurre lo mismo en el ser humano. Es decir: existe una vía no material de transmisión de conocimiento.

Según este científico, todas las unidades mórficas pueden considerarse también formas de energía. Toda estructura y patrones de actividad de los seres orgánicos e inorgánicos dependen de los campos morfogenéticos, con los que están asociados y bajo la influencia de los cuales se han originado. Aunque en teoría pueden separarse los aspectos de "forma" y de "energía", en la realidad aparecen siempre asociados. Como dice Sheldrake "ninguna unidad mórfica puede tener energía sin forma y ninguna forma material puede existir sin energía" (también cada forma geométrica tiene una energía o potencial específico). Esta dualidad forma-energía se hace explícita en la teoría de la causación formativa, de la misma manera que la dualidad onda-partícula se hace explícita en la teoría cuántica. Sin embargo, la teoría cuántica no permite comprender la causación de las formas. La hipótesis de la causación formativa considera que las formas de sistemas anteriores son la causa de las formas similares subsiguientes, incluso en diferentes lugares y momentos.

Creo más adecuado hacer una síntesis, lo más fiel posible, incluso a veces textual, de la nueva teoría de Rupert Sheldrake, para comprender en profundidad su trascendencia, teniendo en cuenta su lenguaje científico; la siguiente síntesis está extraída de su publicación:

-1- Además de lo admitido por la física, la química y la biología, existen otros tipos de causalidad responsable de las formas de cualquier materia viva, sean partículas, átomos, moléculas, cristales, orgánulos, células, tejidos, órganos, organismos.... La causación de la forma, su apariencia externa y su estructura interna, impone un "orden espacial" en los cambios producidos por causalidad energética. Es decir: las formas se originan mediante campos morfogenéticos, en conjunción con procesos energéticos (de los que se ocupa la física), pero estos campos morfogenéticos no son en sí mismos energéticos.

-2- Los campos morfogenéticos son estructuras o patrones con efectos morfogenéticos sobre los sistemas materiales. Cada unidad mórfica tiene su propio campo morfogenético característico. Una o más de estas partes características del campo se denominan "gérmenes morfogenéticos". Todo este campo contiene la forma virtual de la unidad mórfica, que genera un área de influencia y un proceso mediante el cual las partes de la unidad mórfica liberan energía, generalmente en forma de calor (pozos de energía potencial).

-3- Un tipo dado de morfogénesis suele seguir una vía de desarrollo determinada llamada creoda o vía canalizada de cambio. La mayoría de morfogénesis inorgánicas son rápidas, pero las morfogénesis biológicas son relativamente lentas. Los ciclos de crecimiento celular tienen lugar bajo la influencia de una sucesión de campos morfogenéticos; conforme aumenta su repetición más profunda es la creoda.

-4- La forma característica de cada unidad mórfica, y de cada ser, viene determinada por las formas de los sistemas similares anteriores, que actúan sobre este nuevo ser a través del tiempo y del espacio, mediante un proceso denominado resonancia mórfica. Esta influencia se produce a través del campo morfogenético y depende de estructuras tridimensionales y de los patrones de vibración del sistema, aunque este proceso no implique ninguna transmisión de energía.

-5- Los campos morfogenéticos pueden aumentar o disminuir de tamaño, a escala, dentro de unos límites. Y los sistemas anteriores que ejercen una influencia sobre el sistema subsiguiente, no tienen una forma idéntica sino similar. El tipo de forma anterior "más frecuente" es el que ejerce mayor influencia por resonancia mórfica. Los campos morfogenéticos no están definidos con precisión y exactitud, pero están representados por "estructuras de probabilidad".

-6- El campo morfogenético de una unidad mórfica, influye sobre los campos de cada una de sus partes constituyentes. Así, los campos de los tejidos ejercen una influencia sobre el de las células; el campo de cada célula influye sobre el campo de los orgánulos; los campos de los cristales influyen sobre el de las moléculas; los de las moléculas influyen sobre los campos morfogenéticos de los átomos, y el de éstos sobre el de las partículas y subpartículas. Estos efectos dependen de las estructuras de probabilidad del nivel superior.

-7- Cuando se ha actualizado la forma final de una unidad mórfica, la acción continua de la resonancia mórfica de estas formas anteriores estabiliza esta nueva forma y la mantiene.

-8- La hipótesis de la causación formativa da una explicación a la repetición de formas y comportamientos, pero no explica cómo se originó la primera forma. Decidir si esta primera forma de cada especie se puede atribuir al azar o a una creatividad inherente en la materia o a una fuerza creativa trascendente, sólo puede efectuarse en el terreno metafísico, no en el científico.

Otros puntos de gran interés de la teoría de Rupert Sheldrake, es que la mayor parte de unidades mórficas biológicas están polarizadas como mínimo en una dirección; dicho de otro modo, todos los campos morfogenéticos tienen una polaridad. Casi todos los organismos están polarizados en una dirección, bien sea brote-raíz o cabeza-cola. O bien en una segunda dirección: ventral-dorsal. Y algunos están polarizados en tres direcciones: izquierda-derecha, además de cabeza-cola y de ventral-dorsal (por ejemplo, los caracoles con sus conchas en forma de espiral). Hay que recalcar que, en los organismos simétricos, se producen estructuras asimétricas a ambos lados del organismo, las cuales aparecen siempre en formas "dextrógira" (hacia la derecha) y "levógira" (hacia la izquierda), como por ejemplo las manos derecha e izquierda, o los pies, o los ojos, etc. El campo morfogenético adopta simplemente el sentido del germen morfogenético con el que se asocia o sintoniza, por resonancia mórfica.

Un ejemplo muy interesante al respecto es el de las moléculas de los aminoácidos y azúcares, que son asimétricas y pueden existir en forma dextrógira y levógira. Sin embargo, todos los aminoácidos de las proteínas son levógiros, mientras que, por el contrario, la mayoría de los azúcares son dextrógiros.

Volviendo a uno de los puntos más interesantes de esta hipótesis, el de la resonancia entre las formas, diremos como concepto general que, un sistema entra en resonancia en respuesta a una franja de frecuencias más o menos cercanas a su frecuencia natural, aunque la máxima respuesta de evolución se produce cuando la frecuencia coincide o sintoniza con su propio tipo de frecuencia. La resonancia mórfica puede sintonizar con mayor o menor exactitud, siendo mayor su especificidad cuanto más se parecen las formas del sistema anterior y del sistema presente. Así la resonancia mórfica de estos sistemas será más específica, y por tanto más eficaz, aumentando la selectividad de la resonancia mórfica.

Un organismo con una constitución genética determinada tenderá a desarrollarse de forma que entre en resonancia mórfica con individuos anteriores de igual constitución en sus genes. Así mismo, la vía de desarrollo o creoda del nuevo ser viene también determinada por factores ambientales.

Sin embargo, la constancia y la repetición de las formas no se explica por las leyes físicas conocidas. Cada vez que se forma un átomo, los electrones ocupan los mismos orbitales alrededor del núcleo de dicho átomo. A su vez, los átomos se combinan entre sí repetidamente, dando lugar a las mismas formas de moléculas. Cuando las moléculas cristalizan, forman los mismos patrones. En una especie vegetal determinada, sus semillas generan plantas del mismo aspecto, año tras año. Los animales, generación tras generación, manifiestan los mismos hábitos y las mismas formas de su organismo específico. Las formas en la naturaleza se originan repetidamente y los hombres las podemos reconocer y clasificar. Esta repetición formal no viene determinada por leyes físicas inmutables; si así fuere, podríamos predecir con antelación y exactitud los efectos de una mutación dada en el ADN de un ser vivo determinado, y no es así.

Así pues, según la hipótesis de la causación formativa, la constancia y repetición de las formas de todos los sistemas químicos y biológicos, no están determinadas únicamente por leyes físicas y biológicas hasta ahora reconocidas, sino por la asociación del mismo tipo de campos morfogenéticos con sistemas existentes anteriores. Pero ciertamente, ha habido varias respuestas a lo largo de la historia a la pregunta de cómo se determina una forma particular de cada campo morfogenético (su forma virtual...). La posible respuesta platónica, e incluso aristotélica, sería suponer que los campos morfogenéticos son eternos. Esta suposición, da por sentado que detrás de todo fenómeno visible y experimentable, existen principios preexistentes de "orden". La respuesta de Sheldrake es muy distinta: "las formas de la naturaleza se repiten debido a una influencia causal de formas similares anteriores, influencia que actúa a través del espacio y del tiempo".

El principio de resonancia mórfica es sumamente trascendental en su hipótesis, aunque a veces resulte difícil de expresar en conceptos; utilizando analogías puede facilitarse su comprensión, por ejemplo: la resonancia "energética" se produce cuando un sistema es impulsado por una fuerza alternativa que coincide con su frecuencia, como la vibración simpática de cuerdas estiradas, en respuesta a ciertas ondas sonoras de su misma frecuencia. Otro buen ejemplo es la sintonización de los aparatos de radio a la frecuencia de ondas emitida por una emisora. O bien, la absorción de ondas luminosas, de una frecuencia determinada, por parte de átomos y moléculas de un objeto, que dan lugar a su aspecto coloreado específico. En todos los ejemplos que podamos poner, el principio de selectividad es común: entre varias vibraciones, el sistema responde únicamente a las de una frecuencia determinada.

La resonancia mórfica es análoga a la resonancia energética, pero además, y eso es importante, tiene lugar entre sistemas que vibran. Todas las unidades mórficas están en constante vibración y presentan "ritmo interno". Es decir: son dinámicas, no estáticas. De nuevo, el movimiento. Pero, mientras la resonancia energética responde únicamente a estímulos unidimensionales, la resonancia mórfica responde a patrones de vibración tridimensional. La forma de un sistema se hace "presente" ante cualquier sistema posterior, por ese patrón espacio-temporal. La influencia mórfica de un sistema pasado puede hacerse presente en un sistema actual similar, a través del espacio y del tiempo, "reapareciendo" en el lugar y en el momento en que se produzca un patrón de vibración similar.

Según mi parecer, si los seres humanos, como unidad mórfica y biológica de este planeta, aprendemos y nos desarrollamos a través de este proceso de resonancia y, además de una consciencia egoica individual, tenemos y somos parte de una consciencia colectiva, que nos aporta información de otras conductas anteriores (de nuestros ancestros inmediatos o lejanos), cabría suponer, por un lado, que cada acto, cada decisión, cada aprendizaje, cada pensamiento o intención en nuestra existencia, trasciende, no sólo a nuestros hijos y sucesores, sino a todo ser viviente contemporáneo de nuestra especie, incluso al otro lado del mundo. Si yo medito, por ejemplo, de alguna manera repercuten en mi antípoda (o en mi vecino), o si yo me enfado, también los demás se enteran, por resonancia mórfica.

Esto, además de implicar una responsabilidad existencial enorme, significa que, por resonancia, estamos continuamente recibiendo una enorme influencia del comportamiento de infinidad de personas, en especial si vibran exactamente en la misma frecuencia. Esto explica (independientemente del poder de los medios de comunicación) los fenómenos de las modas y tendencias, las ideas religiosas y políticas, epidemias, los inventos de la misma índole realizados en diferentes partes del mundo en la misma época, incluso explica lo que en la cultura esotérica se denominan los egrégores y sobre todo, el cuerpo etérico.

Esta influencia continua de vibraciones (o esa información etérica tridimensional transmitida por resonancia mórfica) podría explicar también, por ejemplo, muchas de las patologías que existen en la actualidad, con pocas explicaciones médicas satisfactorias, respecto a su existencia y propagación. Pero al mismo tiempo podemos ver que deben existir ciertos mecanismos de defensa o repulsión de estas vibraciones, mecanismos que hacen que no entremos en resonancia con los emisores. No todo el mundo entra en la misma corriente de modas, costumbres, ideas o enfermedades y parece que "les resbala" toda influencia recibida; quizá este fenómeno también se deba al tipo de vibración o al rango específico de frecuencias del individuo receptor. Dentro de la misma especie humana, creo que cada individuo debe tener un tipo de frecuencia vibratoria "muy determinada" o específica, y sólo es sensible a factores o vibraciones de aquella misma frecuencia o "sub-frecuencia"; por lo tanto, este individuo no puede ser jamás, "un caldo de cultivo" de otros comportamientos o vibraciones (por falta de resonancia con aquella frecuencia).

Con ello quiero decir que, si determinados seres humanos van elevando su vibración, por su evolución espiritual y por su aprendizaje en calidad humana, con el tiempo se van haciendo "inmunes" a ciertas influencias energéticas y mórficas de más baja frecuencia; hasta llegar al punto de estar totalmente fuera de sintonía. Si así fuera, sólo sintonizaremos con seres humanos de la misma índole o grado de evolución. Y nuestros logros repercutirán, por el mismo fenómeno de resonancia, con otros seres, lejanos o próximos, de la misma calidad humana.

Por otro lado, si los campos morfogenéticos son estructuras o patrones vitales que se repiten a través del espacio y del tiempo de forma tridimensional, y a través, a su vez, de unas creodas o vías de canalización, puede suponerse que, además de tener una influencia de los campos de generaciones pasadas, tengamos también una influencia de comportamientos y formas futuras. Incluso Rupert Sheldrake contempla esta posibilidad y dice textualmente: "...la idea de que los sistemas futuros, que todavía no existen, pueden ejercer una influencia causal "retrospectiva" en el tiempo, es lógicamente concebible...", pero evidentemente, faltan aún pruebas empíricas para ser válido para una mente científica.

Pero si la resonancia mórfica no está atenuada por el paso del tiempo o la distancia (como lo demuestran los diferentes experimentos relatados en su libro, realizados con animales, vegetales, cristales, incluso recién sintetizados, realizados todos ellos en laboratorios a grandes distancias) ¿cómo tiene lugar realmente esta resonancia entre las formas? Tal vez está conectada mediante otras dimensiones, lo cual significaría que pueden existir ciertos puntos de contacto y comunicación entre nuestra tercera dimensión y la cuarta dimensión, y porqué no, con otras dimensiones superiores. ¿Se explicarían así las puertas dimensionales? Quizá la influencia mórfica y energética de otras entidades (pasadas, futuras o eternas) estén siempre presentes en todas partes.

Y, ya dando rienda suelta a la imaginación, si suponemos que la Realidad última, está vibrando en un "no-espacio, no-tiempo", podría decirse que todo está ocurriendo y existe ahora simultáneamente, por lo tanto, los patrones cósmicos universales, las semillas de fuerza y las creodas o vías de canalización de estas formas, están aquí y ahora, es decir: nosotros somos también parte de ellas. Tal vez somos la creación en constante creación. Quizá siempre todo ser vivo sea semilla del cosmos y contenga dentro de él, esos patrones no dimensionales, esa información del Todo.

Más allá de la trascendencia que puede conllevar esta hipótesis en el futuro, todo lo expuesto nos puede hacer reflexionar mucho respecto al papel de la Geocromoterapia y a otras formas terapéuticas parecidas, es decir, como dice Yogananda, a la influencia en que estas formas geométricas, patrones vitales o semillas, pueden ejercer sobre los seres humanos. Recordemos que "cada semilla contiene a todo un árbol". De igual manera cada arquetipo o filtro geocromático contiene y condensa la información del crecimiento armónico del Universo. Creo en definitiva que al utilizarlos, se genera en nosotros una resonancia con las formas arquetípicas, lo que produce un impacto en el subconsciente, por lo tanto en los sentidos, en las emociones y en niveles incluso más profundos. Representa un encuentro directo entre Forma y Espíritu.

El 'hecho real' en las investigaciones científicas,
suele distorsionarse según lo que resulte
más útil o deseable para el Estado,
una posición que ya fue defendida por Maquiavelo.

DAVID BOHM

LAS FORMAS INTELIGENTES DE LA NATURALEZA: EL NÚMERO DE ORO

Si hablásemos de armonía, belleza y perfección, nuestra mente, antes que recurrir al arte, recurriría automáticamente al máximo exponente de armonía: la sabia Naturaleza. La misteriosa perfección de cada flor, la sorprendente construcción geométrica de cada cristal y el equilibrio constante de las estrellas en el firmamento, no son cosas que puedan dejar indiferente a nadie. Aunque veamos tanta armonía a nuestro alrededor desde que nacemos hasta que morimos, por poco sensibles que seamos, no deja de sorprendernos. Parece que existe una fuerza de diseño vital inherente a toda materia del cosmos. Vivimos inmersos dentro del diseño del sistema solar y somos partícipes del diseño sublime de las cristalizaciones, del diseño vital y perfecto de nuestras células y proteínas, incluso del misterioso diseño en espiral del ADN.

Más que preguntarnos quién es la mano ejecutora de tanta perfección, observemos simplemente estos magníficos diseños y esta armonía de la vida. Un pequeño examen de la estructura formal y del crecimiento de los seres, tanto orgánicos como inorgánicos, nos denunciará la repetición constante de ciertas proporciones armónicas, numéricas y geométricas. La naturaleza, toda, es como el reflejo de unas leyes y unos patrones fundamentales en todo el Universo.

Esa observación y revisión, nos ayudará a recordar que somos también parte de la naturaleza y que la raza humana, como uno de los cuatro reinos del planeta, vive en una comunión mística con las formas y las fuerzas de esa naturaleza perfecta. Incluso me atrevo a afirmar que la geometría y las relaciones armónicas que contienen todas las formas naturales, despiertan en nosotros resonancias afectivas, lógicas e incluso orgánicas. A todo el que contempla siquiera una pequeña parte de la naturaleza, se le genera cierto cambio en su interior (sea más claramente o menos percibido), un aumento de su potencial energético y una armonía e integración de todos los elementos de su Ser. De tal manera su contemplación nos afecta y contribuye a modificar nuestra consciencia, que diríase que toda forma, color, sonido o aroma de la madre naturaleza, contiene, inherente a ella, un mensaje subliminal que nos activa el proceso de evolución.

Antes de examinar cómo están relacionados los números y la geometría en cada reino, deberíamos revisar algo general y permanente en ellos: la constante matemática □ . Existe un número constante en la vida, en sus proporciones y en la naturaleza de su crecimiento progresivo. Se le ha venido a llamar La Divina Proporción o Número de Oro: se trata del número □ (letra griega que se pronuncia "fi") : su valor es 1,618, un número algebraico inconmensurable.

La serie numérica 1, 1, 2, 3, 5, 8, 13, 21... es, a la vez, una serie aditiva y multiplicativa, es decir que participa de una progresión aritmética y geométrica al mismo tiempo. Esta divina proporción posee cualidades y características notables, tanto como constante matemática, como invariante algebraica y también por la fecundidad de aplicaciones que da su utilización. Toda armonía en las formas, puede expresarse o simbolizarse por números. En todo el Universo existen pues entidades geométricas fundamentales basadas en esos números y en especial en las derivadas de esa proporción áurea o Número de Oro.

El estudio de las particiones homogéneas del espacio y la teoría de redes de puntos, generan la ciencia de la Cristalografía, un verdadero encuentro entre la Química molecular, la Geometría y la teoría de la simetría. Para simplificar el significado de las redes elementales que generan todas las cristalizaciones, podemos hacer un ejercicio muy sencillo que nos servirá de ejemplo visual: si quisiéramos cubrir completamente una superficie, sin dejar ningún hueco, con la intención de hacer un mosaico o pavimento, sólo podríamos hacerlo con tres formas geométricas.

Para hacer el experimento podemos recortar en cartulina todos los polígonos existentes e intentar cubrir una superficie (como quien hace un "puzzle") pero cogiendo cada vez un sólo tipo de estas figuras. Veremos que sólo podemos cubrir este mosaico, únicamente con tres figuras: el triángulo equilátero, el cuadrado y el exágono. Jamás cubriremos un pavimento sin dejar huecos, con pentágonos, dodecágonos, heptágonos ni con ningún otro polígono. Estas son las tres redes fundamentales que se encuentran en la cristalografía, y que ilustro a continuación. Notemos que solamente los polígonos regulares cuyo ángulo en el vértice sea un múltiplo de 360º son los válidos para el crecimiento y la cohesión de los cristales; es decir los ángulos de 120º, 90º, y 60º.

A estas redes elementales se les llama isótropas por ser homogéneas en su estructura lineal y angular. Estas particiones homogéneas del espacio generan siete tipos fundamentales de geometría, cada uno de ellos corresponden a un tipo de simetría de un polígono (o en su forma volumétrica a un "poliedro"). Los diferentes sistemas de cristalización según sus ejes de simetría son los sistemas: cúbico, tetragonal, exagonal, trigonal, ortorrómbico, monoclínico y triclínico. Antes de continuar en lo que más interesa para nuestro estudio, voy a dar, para los interesados en el tema y a modo de paréntesis, una pequeña relación de las diferentes piedras y gemas que nos da la naturaleza según esos siete sistemas de cristalización. Según versión de Rupert Holchleitner, mineralogista de la Universidad de Munich, el diamante, granate, fluorita, lapislázuli, pirita, sal, galena, oro, plata y cobre, cristalizan según el sistema cúbico. El circonio, calcopirita, rutilo y wulfemita pertenecen al sistema tetragonal. El aguamarina, esmeralda, rubí y grafito, cristalizan según la simetría exagonal. El cuarzo, turmalina, calcita, cinabrio, rodocrosita, hematites y dialogita, cristalizan según el sistema trigonal. El peridoto, topacio, olivina, azufre y goethita, pertenecen al sistema ortorrómbico. El talco, el yeso, el jade y la malaquita, son clasificados según el sistema monoclínico. El feldespato y la turquesa cristalizan según el sistema triclínico. Hay centenares de minerales y piedras clasificados, por lo tanto, debe tomarse lo dicho sólo como una pequeña síntesis de ayuda para el aficionado a los cristales.

Las diferentes configuraciones de los cristales que da la naturaleza son estados de equilibrio estables que vienen determinados por una causalidad muy rigurosa. Todas las formas y colores de las piedras, cristales y gemas están generados por las reacciones químicas de los diferentes elementos simples de la naturaleza. Estas reacciones son en sí una tendencia de los electrones a combinarse según disposiciones estables.

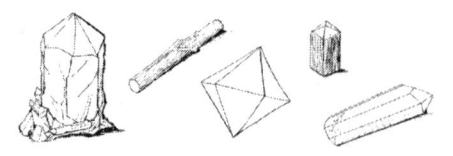

Lo más fascinante de la relación entre la causación de las formas naturales y la geometría es que, entre todas las agrupaciones posibles de combinación de redes, los cristales (y los sistemas físico-químicos aislados) toman únicamente las formas cuadradas, triangulares y exagonales, pero nunca la del pentágono ni sus derivados (dodecaedro, icosaedro...). La simetría pentagonal está claramente relacionada con la vida orgánica, y la simetría exagonal está más emparentada con la vida inorgánica.

En los vegetales encontramos siempre formas pentámeras (entre otras), mientras que el reino inorgánico se genera únicamente a partir de redes cúbicas, triangulares y exagonales, pero nunca a partir de armaduras pentagonales. Un examen microscópico de los cristales de nieve, por ejemplo, manifestará constantemente una simetría exagonal como lo muestro en la ilustración siguiente. Como dijo el científico F.M. Jaeger, citado por Matila C. Ghyka en "La estética de las proporciones" : "Tanto en el caso de los animales como de las plantas, parece existir una cierta preferencia por la simetría pentagonal, una simetría claramente relacionada con la sección áurea y desconocida en el mundo de la materia inerte..."

La sección áurea y la simetría pentagonal son como un monopolio absoluto del crecimiento orgánico. Muchísimas especies de flores corresponden a estas formaciones pentámeras, como el nenúfar amarillo, el clavel, el geranio, el malvavisco, las primaveras, la jeringuilla, la flor del escaramujo, la campánula, las flores del naranjo, del peral, de la fresa, etc., etc. Hay algunas especies, como la flor de la pasión, que corresponden a dos simetrías a la vez: la pentagonal y a la del decágono.

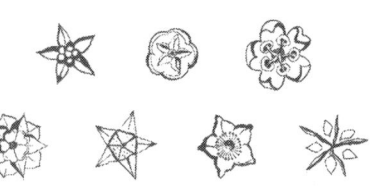

La geometría del pentágono se encuentra también en otros seres vivos como el hombre y los animales; me refiero al fenómeno de tener cinco dedos con cinco huesos en cada mano y cada pie; incluso las ballenas cuentan con cinco huesos en la estructura de sus aletas, como lo hace notar Matila C. Ghyka en la citada publicación. Ya el gran maestro de Samos, Pitágoras, nos hablaba sobre la Péntada o Número Cinco, como símbolo de "armonía en la salud" y de la integración de lo masculino y lo femenino.

Sin embargo, la morfología de los insectos es muy variada y a menudo asimétrica, pero está basada también sobre la serie numérica y las proporciones del Número de Oro, "1,618". En la morfología del reino animal (especialmente, pero no exclusivamente), la disposición de líneas de fuerza y trayectoria en cada una de sus partes predispone la aptitud de cada animal. La aptitud idónea de un animal y de muchos seres vivos, está relacionada, por un lado, con condiciones puramente estáticas: resistencia, equilibrio y estabilidad. Por otro lado, con condiciones dinámicas; cuando un animal (o un objeto) debe hacer un movimiento, necesita: ligereza, un mínimo de pérdidas de energía, distribución de peso, resistencia adecuada al aire o al agua, etc. Los animales, sobre todo los pájaros y los peces, satisfacen por completo estas dos condiciones estáticas y dinámicas. Es por eso que su aspecto formal nos produce una sensación armoniosa. Las plantas satisfacen también en su estructura y distribución, las mejores condiciones de forma y resistencia, en relación con su crecimiento y ciclo vital, además de ser armoniosas a la vista y proporcionarnos mucha energía.

Los tejidos vivos producen configuraciones dinámicas de simetría exagonal, al igual que la forma espiral, patrimonio de la vida. La red exagonal se encuentra en muchos tejidos celulares como el ojo de la mosca, las colonias de madréporas, las celdillas de la abeja, etc. Esta red isotrópica basada en la forma del exágono, la encontramos con frecuencia en la estructura de la célula. La forma exagonal es una de las formas geométricas que más superficie tiene en un perímetro dado (más que la del triángulo, cuadrado y pentágono) y por lo tanto es la que más se acerca al círculo y a la esfera. La célula tiene comúnmente una forma esférica que, por su igual repartición de tensiones, proporciona el volumen máximo de una superficie, a fin de permitir la vida.

C. Culmann (fundador de la Estática Gráfica) ya había observado que "los huesos del hombre y de los animales aparecen como un sistema que tiene la máxima resistencia con el mínimo de substancia; la disposición de las células en las partes esponjosas de los huesos, que deben sostener grandes esfuerzos, presentará curvas de máxima resistencia a la tracción y a la flexión". Un examen microscópico de los tallos de las plantas muestra resuelto el problema de la máxima resistencia con el mínimo de materia, problema que bien podría significar un reto al mejor ingeniero.

Las proporciones del cuerpo humano también reflejan fielmente las leyes matemáticas del crecimiento. En diferentes estudios del esqueleto se ha comprobado, medido de frente y de perfil, un ritmo armónico de rectángulos emparentados, siempre con los rectángulos de módulo Φ 5 y O. Esto representa una armonía anatómica dinámica, basada sobre un esquema matemático riguroso, con un error menor a 1 mm. El estudio de las longitudes medias de los brazos, antebrazos, piernas, caja torácica, pelvis, cráneo, dedos, etc., muestran la preferencia de la sección áurea y otras proporciones matemáticas recurrentes, que Heller expresó en su estudio "Tablas de Proporciones", del que recojo la siguiente ilustración.

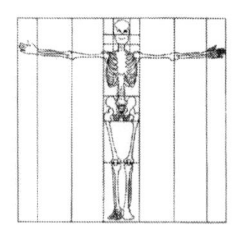

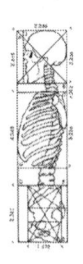

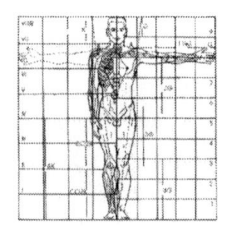

Respecto a la perpetuación y repetición de las formas, diremos que todo ser vivo crece conservando las líneas generales de su forma. Como observa D'Arcy Thompson "...la concha retiene su forma inmutable, a pesar de su crecimiento asimétrico y, lo mismo que los cuernos de los animales, crece sólo por una extremidad. Esta notable propiedad de aumentar por crecimiento terminal, sin modificación de la forma de la figura total, es característica de la espiral logarítmica y no la tiene ninguna otra curva matemática." Naturalmente dentro de la armonía y simetría de las curvas, se encuentra "la forma inherente a todo crecimiento" en la Naturaleza: la forma Espiral.

Entre las espirales logarítmicas que se basan en la razón matemática del Número de Oro en su pulsación, podemos distinguir tres espirales diferentes, que se repiten en la naturaleza: la de pulsación radial (figura A), la de pulsación diametral (figura B) y la de pulsación cuadrantal (figura C). Dentro de la armonía y perfección de las curvas, se encuentra también la curva catenaria (cuyo centro de gravedad es el más bajo posible); lo podemos ver especialmente en la forma de los huevos, de cualquier especie. Las dos curvas meridianas de un huevo son dos curvas catenarias de longitud diferente. El círculo de hinchazón máxima de un huevo, determina una razón O , de la constante 1,618, sobre el eje de simetría.

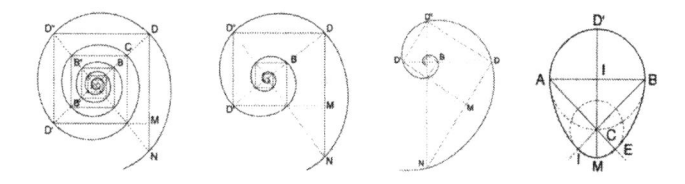

Otro aspecto sorprendente y común en la vida (siempre expansiva y evolutiva) es el fenómeno del crecimiento: Los cristales inorgánicos crecen o aumentan por "aglutinación" (adición de elementos idénticos); sin embargo, los organismos vivos crecen por "expansión", es decir: desde dentro hacia fuera. En los cristales, sus moléculas permanecen idénticas (mientras dura su proceso de agrupación), mientras que en el tejido vivo las moléculas se renuevan constantemente por combustión y por eliminación; de aquí que las formas predominantes que adoptan las células sean de tendencia esférica, o de polígonos de máximo aprovechamiento del espacio. La ley que regula este fenómeno de expansión es la de "energía de superficie mínima", o ley de economía de la materia con máxima acumulación de energía y posibilidades. A esta ley, y a lo largo de la historia de la física, según explica Matila C. Ghyka, se le ha dado diversas denominaciones, pero se trata del mismo principio: "Principio de Hamilton" o "Principio de Conservación de Energía" o "Principio de Acción Estacionaria" o "Principio de la Mínima Acción", ley que contiene además toda la teoría de la relatividad de Einstein; pero en definitiva esta es una ley dominadora e invariable del universo físico, de la que se deducen las leyes y ecuaciones de la termodinámica, el electromagnetismo y la gravitación.

Volviendo al punto anterior, podemos decir que la forma espiral, especialmente la espiral logarítmica, es un esquema de crecimiento y de vida (caracterizado por una progresión del Número de Oro). Este esquema lo podemos observar fácilmente en distintos fenómenos del planeta. Además de la espiral de nuestro sistema solar, podemos ver los movimientos espirales en las nubes, en los huracanes, los tornados y los océanos. En el hemisferio norte, se dice que la espiral se mueve de izquierda a derecha; esto significa, por ejemplo, que el agua de una bañera que se vacíe, gira en sentido contrario de las agujas del reloj (de izquierda a derecha). En cambio, en el hemisferio Sur, el movimiento de la espiral será, al contrario, de derecha a izquierda.

Si observamos la vida orgánica vemos este mismo patrón vital en los cuernos de los alces, en las conchas, en las ramas de muchos árboles y vegetales (zarzillos, etc.). En los seres humanos, el patrón espiral se repite en el movimiento del espermatozoide, en las huellas dactilares, el crecimiento del pelo, el recubrimiento del esófago y otros tejidos del cuerpo, y sobre todo en la doble aspa que conforma la espiral del ADN. La geometría y la matemática resumen un lenguaje simbólico y presente en toda la naturaleza, que no es más que el lenguaje universal.

Aprender a leer las abstracciones contenidas en las figuras geométricas, presentes (y observables) en el macrocosmos y en el microcosmos, puede elevarnos la mente y la consciencia y llevarnos a comprender el lenguaje de los símbolos del Universo entero. Llevándolo al terreno terapéutico, no es tan absurdo plantar una semilla universal, o símbolo, o arquetipo, en el interior de un hombre (o proyectar cierta forma geométrica de color en el plexo), con el fin de armonizarse con su esencia primordial y entender las correspondencias sutiles que existen entre él y todo lo que le rodea.

*Lo que somos es mucho más de lo que hacemos
y mucho más de lo que tenemos.*
PAULO COELHO

LA BÚSQUEDA ESPIRITUAL EN ARQUITECTURA

Y Platón dijo en "Timeo": "Luego de haber puesto el entendimiento en el alma y el alma en el cuerpo, modeló Él el Cosmos, a fin de hacer de ello una obra que fuera, por su naturaleza, la más bella y la mejor. Así pues, al final del razonamiento verosímil, hay que decir que el mundo es realmente un ser vivo, provisto de alma y de entendimiento y que ha sido hecho así por la Providencia de Dios. Evidentemente, es menester que lo que se produce sea corporal y que, en consecuencia, sea visible y tangible. Y ningún ser visible podría nacer sin algún sólido, y no existe sólido sin tierra. De aquí que Dios, al comenzar la construcción del cuerpo del mundo, comenzara, para formarlo, por tomar fuego y tierra. Sin embargo, no es posible que dos términos formen solos una composición bella, sin contar con un tercero. Pues es necesario que, en medio de ellos, haya algún lazo que los relacione o vincule a los dos. Ahora bien: de todos los vínculos, el más bello es el que se da, a sí mismo y a los términos que une, la unidad más completa y eso es la Proporción, que lo realiza naturalmente de la manera más bella".

Cuando Platón, Pitágoras o Leonardo nos hablan de la Proporción, nos están introduciendo no solamente a la Sección Áurea, y a su equivalente aritmético del Número de Oro, o la Divina Proporción, sino también al concepto de Armonía entre las partes de un objeto, al concepto de orden y de ritmo, al concepto de empatía entre objeto y espectador (trataremos el concepto de resonancia y empatía más adelante). Como Dios cogió los elementos y los armonizó mediante la proporción, así el artista y todos nosotros, potencialmente, buscamos permanentemente un lazo de resonancia y armonía entre nuestros actos y la perfección del Universo.

Para Piero della Francesca, la Proporción (o su búsqueda) era una función del espíritu. Sin embargo, para Leonardo da Vinci, era una función de la inteligencia. Sea como sea, a lo largo de toda la Historia del Arte podemos ver que la Matemática y las leyes de las proporciones, han intervenido enormemente como factor de búsqueda de la Belleza y Armonía, y de esa energía primordial que todo lo inunda.

La Matemática (no las matemáticas), está considerada la ciencia de los Principios Superiores, a la vez sagrada y trascendente, ciencia que abarca la totalidad del Conocimiento. Desde la época de los pitagóricos, especialmente, creció la admiración sobre la Sección Áurea y la armonía de los polígonos geométricos, a la que se le atribuyó un valor místico y un interés estético. Todos los conceptos contenidos en la Matemática corresponden a la ley de infinita resonancia, constancia y orden de los elementos constitutivos del Universo.

Si damos un breve paseo por el arte de la arquitectura, nos daremos cuenta de esa larga búsqueda del hombre; de ese proceso espiritual para encontrar la fuente y para conocerse a sí mismo a través de ella. Utilizo la arquitectura como ejemplo, (aunque el paseo en sí, podría extenderse a otras manifestaciones del arte) por ser la expresión artística donde el espacio, el volumen y las formas geométricas se hacen más evidentes y por tanto creo que la arquitectura está más relacionada al estudio de la forma o leit motiv de este libro.

La arquitectura egipcia era en sí misma, como dijo Spengler, "un tratado mudo" de arquitectura. La Gran Pirámide, bajo la austeridad de sus formas y volúmenes, encubre la morfología de los cinco cuerpos platónicos (naturalmente muy posteriores; 2000 años, aproximadamente), con las proporciones y progresiones matemáticas que de ellos se derivan. La gran Pirámide de Keops, situada exactamente sobre el paralelo 29º 58' 51" Norte, fue construida por hombres con enormes conocimientos en Geofísica y Astronomía, como un monumento que según los expertos "representa un cuadrante cósmico, que regula los diluvios y las eras glaciales y las muertes y los nacimientos de las civilizaciones" (M. Ghika). Culminación de la cultura en su apogeo, la ciencia egipcia dejó plasmada en esa abstracta construcción una "pulsación dinámica" en todas sus medidas: la misma que posee el crecimiento orgánico.

Los templos griegos, sin embargo, se proyectaban bajo la refinada geometría de Euclides y Arquímedes. Los griegos conocieron el secreto sobre la belleza de las formas y emplearon la sección áurea en sus templos y en las proporciones del cuerpo humano, así como en numerosos objetos que utilizaban para sus cultos a los dioses. En las formas que generaban (sobretodo en arquitectura), expresan todo un sistema filosófico: la armonía perfecta y la unidad orgánica implícita en el Universo, que ha representado un modelo, molde o semilla para posteriores estilos en el arte. Citando a Valéry en "Varieté": "La geometría griega ha sido ese modelo incorruptible; no sólo el modelo propuesto a todo conocimiento que tiende a su estado perfecto, sino también el modelo incomparable a todas las cualidades más típicas del intelecto europeo. Jamás pienso en el arte clásico sin que una fuerza invencible me haga tomar como ejemplo el monumento a la geometría griega".

Los romanos no quisieron imponer armonías inaccesibles al pueblo raso y a los profanos; así, sus obras manifiestan su espíritu técnico y urbanístico. Buscaron en su arquitectura soluciones a los problemas sociales, cívicos y económicos. Adoptaron elementos constructivos griegos, etruscos y de otras civilizaciones y los incorporaron a su espíritu de ingeniero, creando formas inéditas y volúmenes que correspondían exactamente a una función social, la mayoría desprovistos de toda invocación mística (Coliseo, Panteón, Basílica de Constantino, Acueducto de Segovia, Puente de Alcántara...).

En Bizancio se encontraron la belleza y las matemáticas de los griegos, con el misticismo de los gnósticos y neo-platónicos de Alejandría; incorporaron la forma cúbica como el elemento "tierra" necesario para su psicología. La estructura bizantina de Santa Sofía (532 D.C.), es lógica como un teorema de geometría, pero ágil y etérea como si estuviera suspendida en el espacio.

La época Románica es considerada una prolongación de la época bizantina en la construcción de sus volúmenes. La expresión arquitectónica alrededor del s. X pasó por un alargamiento de las naves en una nueva modulación del espacio que nos sugiere una acumulación de energía suspendida en el aire; sus casquetes esféricos y volúmenes constructivos nos evocan una geometría limpia e ingenua.

Y entramos en el Gótico, una época realmente exaltada del misticismo. En este estilo arquitectónico se producen formas de impulso extremadamente vertical, que casi desafían la gravedad. A su vez, los detalles y ornamentos (casi inexistentes en la sobria época románica) simbolizan la naturaleza orgánica. Es una arquitectura de ideales, espiritualizada, con inmensas columnas elevadas como agujas al cielo, que se apoyan en contrafuertes de justicia; son pilares verticales elevándose hacia las bóvedas de Dios. En Nôtre Dame, así como en todo el arte gótico, cada uno de los elementos empleados tiene una ostensible significación simbólica. En el arte gótico, el número y la medida, la mística y la pulsación del crecimiento armónico, está indicado por símbolos a la manera pitagórica. La más alta Alquimia se fundió en cada elemento constructivo; sus proporciones, en la construcción de sus monumentos a Dios, tejen un juego de razones invisibles que nos proporcionan la imagen o la captación de las verdades eternas.

Durante el Renacimiento, el hombre latino, en su búsqueda de una forma que rebasaría tanto lo orgánico como lo inorgánico, volvió al estudio de sus orígenes: Grecia. Encontró el camino estudiando la estructura del cuerpo humano, redescubriendo la sección áurea y el hombre inscrito en el pentagrama. De nuevo se creyó en la posibilidad de pensar libremente en la virtud de la Verdad y la Belleza por sí mismas. Sabios y letrados se volcaron a comenzar de nuevo y re-crear todos los valores. Se alimentaron de las fuentes del clasicismo y, los humanistas, reencontraron la filosofía geométrica de Pitágoras y Platón. De nuevo, la geometría y la armonía de proporciones fue el fundamento de arquitectos, escultores y pintores. Era en aquella época cuando Leonardo de Vinci hizo entrar el Número de Oro en el dominio público, bajo el nombre de "Divina Proporción". En el Renacimiento se superó la fórmula agotada del espíritu gótico y se construyó, por ejemplo, la cúpula de Brunelleschi, con aquella serenidad olvidada de los volúmenes y de los modelos clásicos puros y armoniosos, añadido al enorme impulso creativo de aquellos hombres del siglo XV. La potencia de la arquitectura humanista estuvo enormemente estimulada en aquella época por los Papas, llamados, no casualmente, "Máximo Pontífice". El Renacimiento dio grandes artistas, como Miguel Ángel, con entero conocimiento de las proporciones del cuerpo humano y la sección áurea.

La época humanista llegó hasta el extremo y generó el estilo Barroco, sobretodo en España, Portugal, Alemania, Polonia y Austria. La gravedad de la tierra se hizo más presente que nunca en las formas artísticas. La pasión y la imaginación eran un torrente de energía a veces exacerbada, hasta el extremo de llegar a menudo a la orgía teatral. En el Barroco se produjo una arquitectura casi fantasiosa, prestidigitadora. Se llegó a mezclar la arquitectura, la escultura y la pintura en un solo cuerpo. Este período finalizó con la saturación de ornamentos y formas espirales, volutas repetitivas, arcos caracoleados y dorados en exceso. En este punto se volvió a pensar en la simplicidad de la línea, el punto y el plano.

Como reacción al Barroco y al Rococó, apareció el período de Neo-Clásico, un clasicismo no siempre bien comprendido, pero que traspasó los continentes. Un buen exponente del período Neoclásico es la obra del arquitecto Robert Adams, de casas individuales urbanas y rurales, de una gran armonía y elegancia. Al morir el neoclasicismo, el mundo entró en la multiplicidad de los estilos híbridos del siglo XIX. La crisis social y la era industrial desembocó en una ignorancia completa del sentido de la vida y el hombre creó volúmenes imitativos y decadentes.

En el siglo pasado y en el presente, el hombre fue aplastado por la máquina y por todo lo que ella comporta en nuestra vida cotidiana y urbanística: producción, transporte, consumo, etc. El arte y la arquitectura y, naturalmente, la búsqueda interior del ser humano tuvo que cambiar radicalmente. Se produjo una especie de divorcio entre la Belleza y la "vida moderna", con todas sus necesidades implícitas. Pero precisamente en la estética de ese inhumano y arrollador industrialismo, nació, paradójicamente, una nueva estética de líneas puras y austeras, que creaban volúmenes primarios y totalmente genuinos en la historia (exceptuando las pirámides egipcias).

La arquitectura contemporánea engendra nuevos geómetras como Le Corbussier (entre muchos otros interesantes) que se despojan definitivamente de todo revestimiento y ornamentación y crearon una nueva armonía y proporción, que se apoyaba en verdaderas necesidades estructurales y sociales. Sin embargo, después de tantos siglos de búsqueda y aditivos, el hombre tuvo que reeducar su sentido de la estética para comprender y admirar la belleza arquitectónica, la gran fuerza, dirección, sencillez y desnudez de los altos edificios de Chicago y Nueva York por ejemplo, semilla y matriz de la arquitectura mundial actual. En los rascacielos de nuestras ciudades, la geometría vuelve a estar presente y pura, cumpliendo sus funciones de partición y modulación del espacio. Los volúmenes que ahora nos cobijan se presentan como puros bloques paralelepípedos de caras ortogonales cuya funcionalidad es predominante pero, a mi entender, llena de contenido.

Psicológica y espiritualmente, el hombre sigue con su búsqueda de la energía primordial, una búsqueda del origen de las formas y sus significados. Ahora los edificios (así como el arte abstracto), muestran un claro predominio de practicidad al tiempo que denotan una clara ausencia de idealismos y mística (presente en todos los anteriores estilos), de todas maneras, la arquitectura actual denota una imperiosa necesidad de volver a los orígenes, a las formas elementales o a la simplicidad de líneas de sus fundamentos; tal vez a la Verdad Única, a la Geometría pura y al Número como entidad generadora de la vida.

La finalidad del arte es reconstruir el universo.
GINO SEVERINI

EL LENGUAJE DE LAS FORMAS

Si decimos que el arte tiene connotaciones espirituales, y la manifestación del arte es a través de las formas, deberíamos revisar el concepto de "FORMA" y sus puntos de partida y generación. Uno de los grandes pensadores y teóricos sobre el arte y los conceptos de "punto", "línea" y "plano" fue Kandinsky. Sus libros "De lo espiritual en el arte" y "Punto y línea sobre el plano", escritos en los años veinte, aún mantienen su vigencia y nos proporcionan cierto método analítico y sintético sobre diversos valores de la Forma.

Veamos lo que, en síntesis, dice Kandinsky en su minucioso examen de los fenómenos punto y línea, en abstracto, es decir, aislados de las formas que nos rodean. El punto geométrico es invisible, de modo que debe ser definido como un ente abstracto. Se asemeja a un cero, desde el punto de vista material. Es ausencia, dice, "pero creo que oculta diversas propiedades humanas. Para nuestra percepción el punto habla, sin duda, pero con reserva". Así, el punto es el puente esencial y único entre la palabra y el silencio. El punto geométrico encuentra una forma de expresión en la escritura: significa silencio. Cuando hablamos o escribimos, el punto es símbolo de interrupción, de no-existencia, pero simultáneamente, es el puente que unifica una frase con otra.

Por tanto, dice el teórico, "el punto tiene sonido y tensión". De hecho, se encuentra encerrado en sí mismo y no tiene ninguna tendencia a abrirse o a desplegarse en ninguna dirección. No avanza ni retrocede. El punto se afirma en su sitio y se instala sobre una superficie. Representa la afirmación interna permanente. Es una afirmación breve, escueta, firme y rápida. La tensión del punto es concéntrica. Esta tensión hace que se asemeje al círculo; considerado en abstracto y geométricamente, el punto es idealmente redondo; sin embargo, cuando se materializa, sus límites se vuelven relativos. Si dibujamos una serie de puntos, y luego lo ampliamos con una lupa, podemos ver sus diferencias. Las posibilidades formales del punto son pues ilimitadas.

El punto es un pequeño mundo, con cierta fusión y comunicación con lo que le rodea. Sin embargo, cuando aparece en su completa redondez, el punto parece no existir. Es autosuficiente. El punto, tanto en sentido interno como externo, según Kandinsky, es el elemento primario de la pintura y de la obra gráfica.

Después de hacer ciertas comparaciones con los granos de arena del desierto, con las estrellas visibles desde la Tierra y con otros elementos "puntuales" de la naturaleza, Kandinsky dice: "También el punto es un ente volcado sobre sí mismo y pleno de probabilidades. El punto se encuentra en todas las artes y su fuerza interior crecerá cada vez más en la conciencia del artista. Su importancia no puede ser pasada por alto. En la arquitectura y escultura, el punto resulta de la intersección de varios planos: es el término de un ángulo en el espacio y al mismo tiempo el centro originario de estos planos".

Pero volvamos al punto gráfico. Dentro del punto se originan diversas fuerzas y tensiones, pero puede haber otras fuerzas que no se originan dentro sino fuera de él. Esta fuerza (como la voluntad del artista, por ejemplo) se arroja sobre el punto que está pegado a un plano y se ve arrancado de su poder concéntrico, y se ve también "desplazado hacia una dirección". Cuando eso ocurre, se aniquila la tensión interna del punto y por tanto deja de existir. Entonces, surge un nuevo ente: la Línea.

La Línea es el trazo que deja el punto al moverse y por tanto es su producto. La línea surge del movimiento, cuando se destruye el reposo total del punto. Se produce así un salto energético de lo estático a lo dinámico. La línea es la antítesis del punto y su elemento derivado. La línea es un vehículo de energías, que describen el movimiento del punto a través del espacio. Podemos generar diferentes tipos de líneas. El tipo de línea es producida por la diversidad de fuerzas que provienen del exterior, las cuales transforman al punto. Según el movimiento o tensión de los elementos activos que intervienen, se crea una dirección. Por ejemplo, en la línea recta, si tomáramos en cuenta solamente su tensión, no podríamos diferenciar la línea horizontal de la vertical.

Hay tres tipos de líneas rectas, de las cuales derivan todas las demás. La forma de la recta horizontal corresponde, según nuestra percepción, a la línea sobre la cual nos desplazamos y nos mantenemos de pie. Kandinsky define el tono básico de la línea horizontal, como "la forma más limpia de la infinita y fría posibilidad de movimiento". La fuerza perfectamente opuesta a ésta es la línea vertical que, según la concepción de este artista, tiene las cualidades opuestas de altura y calor. La "calidez" con que Kandinsky define la verticalidad, es una opinión que personalmente no comparto. En mi experiencia artística fotográfica, la sensación ha sido siempre totalmente inversa. Debo decir que las teorías de Kandinsky fueron realmente importantes a primeros de siglo y, aunque en parte mantienen mucho de su interés, creo que deberían revisarse y ampliarse por teóricos y artistas actuales.

Según Kandinsky las dos rectas, horizontal y vertical, al relacionarse, pueden formar ángulos. El tercer tipo de recta es la diagonal que, por su tendencia hacia las rectas anteriores (horizontalidad o verticalidad) genera su propio tono interior, lo que resulta de suma importancia en la composición de la obra artística. Para Kandinsky la diagonal es una reunión equivalente de frío y calor: la forma del movimiento templado. "Estos tres tipos de recta son las más puras y se distinguen entre sí por la temperatura". Este concepto de "temperatura" es, a mi entender, del todo insuficiente, especialmente desde el punto de vista de la energía inherente a cada línea o ente.

Lo más interesante, en mi opinión, es el poder que tienen las líneas rectas de formar planos. Las intersecciones entre ellas crean puntos o centros de fuerza que parecen crecer. Aquella intersección, se convierte en un centro, un eje o un núcleo, en torno al cual se deslizan las líneas o fuerzas, unas sobre otras y generan planos. Así se crean los polígonos y todas las formas, simétricas o no, en el espacio.

La siguiente ilustración nos muestra la caligrafía japonesa zen, dibujando bellamente la simple progresión desde la Unidad del Círculo, a través del Triángulo, hacia la forma manifestada del Cuadrado. No olvidemos que la dirección de la lectura japonesa es de derecha a izquierda, a la inversa que la nuestra.

Las formas, todas las formas existentes, son percibidas por el artista, que trata de comunicarse con ellas, aprendiendo su lenguaje oculto. Para aprender el lenguaje misterioso de las formas, el artista comienza percibiendo las "formas madre", triángulos, cuadrados, pentágonos, exágonos, decágonos... que son las primeras en delimitar el espacio de una forma regular, simétrica y comprensible. Son las primeras letras del abecedario formal (o las vocales, por ejemplo). Estas formas de primer orden contienen a todas las demás, incluso curvas irregulares y abiertas. A través de ellas y de su lenguaje simbólico (como todos los lenguajes), el espacio se manifiesta en su verdadero Ser profundo, creador y modulador. El artista, al re-crear las formas en su soporte (pintura, escultura, arquitectura, fotografía no documental, etc.) sintoniza con estas fuerzas espaciales.

La Unidad se representa gráficamente por el punto, y el punto tiene "dimensiones" para el artista. Potencialmente el punto es un círculo y el centro de atención y poder. Para el tantrismo, es intensidad y energía. Desde el punto, se trazan las circunferencias y, en ellas, se inscriben todos los polígonos. Como bien dice el gran artista Pablo Palazuelo: "El centro energético del punto, se manifiesta en todas las escalas dimensionales. El centro es múltiple, pues, múltiples son las escalas. El espacio plano en el que trabaja el pintor es una sección o estrato del espacio total. Todo elemento gráfico en ese espacio plano es, a su vez, sección de algo que continúa actuando en otros niveles o dimensiones del espacio sin límites".

Eso me lleva a pensar una vez más en el principio de resonancia y empatía. Entrar en resonancia con algo, implica abrirse a la comunicación, estar dispuesto a recibir y a transmitir. Así, las formas del arte (como las formas utilizadas en terapia) devienen un vehículo de información y un sistema abierto a la comunicación con el espacio. Cada forma, especialmente las formas-matriz, representan un alfabeto. No puedo por menos que pensar que esa es exactamente la función que tienen los filtros geométricos de color, utilizados en el contexto terapéutico, aparentemente distinto del artístico.

Aún cambiando de contexto, mis filtros, como las formas en el arte, son un instrumento para la comunicación con las fuerzas latentes del espacio, ese espacio de inagotable fertilidad. El sistema geocromático, el trabajo terapéutico con esas figuras de energía, viene a ser todo un lenguaje o una configuración autónoma de signos o formas geométricas coherentes (un alfabeto de 40 caracteres), que constituyen un sistema de comunicación, por lo tanto un sistema de aprendizaje. Parafraseando una vez más a Palazuelo en su obra "El Cuerpo Geómetra", 1984: "El espacio, océano sin límites, es la matriz de todos los signos y de todos los ritmos. El espacio vive. La vida del espacio es la materia del pensamiento, la transparencia de las aguas".

La belleza es aptitud expresada.
SIR WALTER ARMSTRONG

MANTRAS, YANTRAS Y MANDALAS

No podemos hablar de las formas, y menos de las formas con un especial contenido de poder, sin revisar los conceptos de yantra y mandala. Para eso debo explicar antes el significado de un "mantra", aunque su poder equilibrador no pertenezca al mundo de la forma sino del sonido. Además, personalmente, cuando trabajo en mi consulta y proyecto un Arquetipo Geocrom en un chakra, emito, a la vez, un mantra de integración. A pesar de que la Geocromoterapia no incorpora (de momento) el poder equilibrador del sonido (a modo de cuarto potencial, después de la luz, el color y la forma), considero que la música y ciertos sonidos emitidos, tienen un inmenso poder sanador.

En síntesis, los mantras se construyen a partir de los sonidos universales que permiten que el yo se trascienda. El mundo es energía, y los antiguos expresaban correctamente esta energía primordial mediante sonidos. Los mantras son sílabas emitidas al aire que sintonizan con fuerzas no materiales, de su misma frecuencia. Cada mantra es una combinación de letras que hacen reaccionar al individuo de diferentes maneras, produciendo una reciprocidad de energías.

En la tradición budista, quizá la más conocida por mí, sugiere que existen diversos mantras con "utilidades" o acciones diferentes sobre el individuo. Aunque habría mucho que decir respecto a este tema, (recomiendo la lectura: "Mantras" de John Blofeld), intentando resumir, podríamos decir que cada mantra o combinación de sílabas, sintoniza con una "deidad" (aunque, en el budismo, no existe ningún tipo de dios, sino que la única fuerza creadora está dentro de cada partícula viva) o, dicho de otro modo, cada mantra sintoniza con una cualidad de Buda, o con el espíritu búdico que se encuentra en cada ser humano.

Así, cuando se emite el mantra OM TARE TUTARE TURE SOHA, sintonizamos con una energía de tipo liberador, disolvente y activadora (representada por los budistas como Tara Verde). Los sonidos OM AH HUNG, configuran un mantra de integración de nuestros aspectos psicoemocional y espiritual. Cuando se emite OM MANI PE ME HUNG se establece la comunicación con la fuerza del amor y la compasión (representado por el aspecto búdico llamado Chenreshi); y si realizamos el mantra del Buda de la Medicina, Sanghye Menla, TEYATA OM BEKHADSE BAEKHADSE MAHA BEKHADSE RADSA SAMUNG GATE SO HA, sintonizamos con nuestra propia capacidad de autocuración o con la energía curativa que puede ayudar a cualquier otro ser humano en sufrimiento, al que tú dirijas esta fuerza equilibradora o esos sonidos.

Son muchos más los mantras en lengua tibetana que pueden utilizar los iniciados en esta tradición. Sin embargo, en todas las culturas existen palabras de poder para sintonizar con el cosmos, especialmente en las tradiciones orientales; aunque éstas no tienen la exclusiva, puesto que podemos ver en Europa (además de las palabras de poder o mantras cristianos) el poderoso mantra "YO SOY" difundido básicamente por Saint Germain.

¿Y qué es un Yantra? El mismo concepto que un mantra, pero visual. Su poder no está en el sonido sino en la forma. Volvemos al grafismo, al punto, a la línea y al plano. La palabra "yantra" procede de la raíz sánscrita Yam que significa "que sostiene, o que porta". El Yantra es como la ecuación, la estructura gráfica, o el diagrama, que porta o conlleva una energía específica. La visualización continuada de un Yantra, y la sintonización con su energía implícita, es capaz de transformar la experiencia del individuo. Una definición al respecto del interesante pintor Palazuelo es la siguiente: "La visualización de las formas aparentemente estáticas de la estructura de un Yantra, conmueven su inercia, emergiendo entonces el diagrama invertido de una energía autogenerativa capaz de transformar alternativamente la experiencia física en experiencia psíquica".

Los Yantras, cuyo centro o 'bindu' es intensidad son, en su mayoría (especialmente los tántricos), composiciones basadas en la combinación de triángulos; quizá uno de los más conocido es el SRI YANTRA.

La figura del triángulo es especialmente ponderada y utilizada por el tantrismo, culto de la India desarrollado ininterrumpidamente desde la antigüedad y no limitado a ninguna religión en particular. Para el tantrismo, todas las formas de energía del Universo están presentes en cualquier lugar del Cosmos. En el hombre, animal de conciencia y energía, cada una de sus células está dotada de psiquismo. Sintonizar con un Yantra significa, igualar frecuencias con la creación permanente de la vida. Cada uno de los trazos que forman el Shri Yantra, es decir: punto central, triángulos, círculos y cuadrado, ya son en sí mismos un Yantra; pero combinados entre sí bajo esta concreta disposición, aumenta el potencial energético del conjunto.

Permitidme comentar algo sobre Carl-Gustav Jung, puesto que tiene relación en este contexto y que además nos permitirá enlazar con el Principio de Resonancia. La psicología moderna también defiende la hipótesis de que la búsqueda del orden, la armonía y la proporción, es consubstancial a la raza humana. Cuando Jung definió el "inconsciente colectivo", en mi opinión una de las aportaciones más valiosas para la ciencia, se refería a un inconsciente de contenidos y comportamientos universales, en todos los individuos y en todas partes. A los "contenidos" del inconsciente colectivo, Jung los llamó "Arquetipos" que, por su etimología griega significa: 1) origen o principio, 2) imagen impresa o figura. Es decir: "arquetipo" equivale a imágenes primordiales impresas en la psique humana, o formas mentales innatas, o heredadas por la mente. Estas formas se pueden manifestar a través de la imaginación, los sueños, las obras de arte, las ideas religiosas, los mitos, etc. Parece ser que Jung llegó a reunir una serie de 400 sueños relacionados con este concepto, a los que denominó "sueños mandala", realizados espontáneamente por sus pacientes en el curso del tratamiento.

Asoció luego el experimento a la filosofía oriental, dándonos una valiosa información de las ideas inconscientes europeas. Para Jung, los mandalas orientales no fueron exactamente inventados, sino que eran el resultado de sueños y visiones. "Tales cosas no pueden ser creadas por el pensamiento, sino que deben crecer de nuevo hacia arriba, desde la oscura profundidad del olvido, para expresar los presentimientos supremos de la conciencia y la intuición más alta del espíritu y, así, fundir en uno la unicidad de la consciencia actual con el primitivo pasado de la vida". (El Secreto de la Flor de Oro).

Un Mandala es, de hecho, un cosmograma, el esquema esencial del universo. Es como un complejo Yantra. Representa una proyección de las fuerzas ocultas que emana de un lugar, cuyo centro sintoniza con las fuerzas que regulan el universo. Según C. Bonell, el mandala es básicamente "una superficie consagrada y una salvaguardia de la invasión de las fuerzas disipadoras". Según Giuseppe Tucci (Teoría y práctica del Mandala) "el Mandala es proyección geométrica del mundo reducido en su esquema esencial..." y se utiliza con el fin de hallar la unidad de la consciencia y descubrir el principio ideal de las cosas.

Todo templo es un mandala, en su plano visto en planta. El mandala clásico oriental, generalmente contiene una figura sagrada en el centro (Buda o bien Shiva abrazando a Shakti). En el mandala occidental cristiano, la divinidad está representada también en el centro (punto de más poder) con la imagen de Cristo, rodeado de figuras simbólicas. Otro ejemplo de mandala prehistórico son los "stone cercles" como Stonehenge, al Sur de Inglaterra, construidos por los habitantes de la época Neolítica, con círculos perfectos de piedras erectas.

De hecho, la palabra Mandala significa "círculo mágico" y su construcción, dibujo o representación, supone un ritual de alto grado de concentración y conexión por parte del ejecutor. Recomiendo, si es posible, la contemplación de la representación de un mandala tibetano, a base de arena de distintos colores. Recuerdo que lo que más me impresionó fue lo efímero de aquella obra; cuatro o cinco monjes o lamas trabajando, habitualmente tardan varios días en la bella elaboración de un mandala; al finalizar el ritual místico-artístico, se disuelve la obra y se esparcen todos los granos de arena coloreados, en muy pocos segundos.

Dentro de las formas de poder, no podemos olvidar la simbología del Laberinto. Los primeros laberintos conocidos provienen de Egipto y posteriormente pasaron al Atlántico, especialmente a Galicia, Bretaña e Irlanda. El laberinto es una representación de dibujos espiraliformes, que simbolizan un camino iniciático. Este diagrama, permite o dificulta el acceso al centro, a través de líneas o pruebas de iniciación, las cuales debemos superar para llegar al "lugar de poder". Es interesante observar la mezcla de angustia y de esperanza a la vez (como la vida misma...) que nos puede aportar el recorrido de un laberinto, que en definitiva es un proceso que nos puede conducir a un estado intelectual cercano, bien a la locura o bien, cercano a la meditación y a la sabiduría.

*Los arquetipos toman vida
solo cuando intentamos descubrir su significado.*
CARL JUNG

EL VALOR DEL ISOMORFISMO

¿Pero, qué es realmente una obra de arte? ¿Qué es exactamente el estado de "inspiración" de los artistas? Picasso a menudo decía: "Yo no busco, encuentro". Hay una tendencia artística que piensa que el arte sólo puede pretender dos cosas: extasiar o denunciar (refiriéndonos sobre todo al arte más vanguardista; en la especialidad artística fotográfica creo que esa definición es muy aplicable). Sin embargo, la actitud taoísta frente al arte nos dice que "el contenido del arte son los estados de ánimo, y el objeto del arte es transmitirlos".

La posibilidad que tiene el hombre de transmitir esos "estados de ánimo" (que, interpretando ampliamente el Tao, diría que "ánimo" hace referencia tanto a sentimientos, como a sensaciones, pensamientos, ideas, inspiraciones o visiones) estriba en la existencia de los fenómenos de resonancia entre seres o sistemas. Un buen exponente de este concepto es una frase escrita de la propia mano del artista contemporáneo Pablo Palazuelo: "Las formas geométricas, así como las energías que por ellas o a través de ellas se manifiestan, se hallan tanto fuera del hombre como en él. El artista da cuerpo, da forma gráfica a esas energías, con las cuales resuena; puesto que son energías arquetípicas, es decir, que también forman parte de la psique del hombre". Esa posibilidad de resonancia se basa en la existencia de isomorfismos o "similitud de estructuras". Y, como veremos, no sólo podemos aplicar este concepto de "isomorfismo" al campo artístico sino al psicológico, etnológico, lingüístico, económico, filosófico, científico y terapéutico, entre otros.

En Estados Unidos, durante la década de los cincuenta, nació una corriente de pensamiento llamada Estructuralismo, de la que surgió el concepto de isomorfismo. En realidad, ese concepto en Europa se convirtió en un hecho cultural de primera magnitud. El biólogo Ludwing von Bertalanfty propuso la "Teoría General de Sistemas", una nueva ciencia que estudia las leyes matemáticas y morfológicas comunes que subyacen a los fenómenos de diversos campos aparentemente diferentes. Es decir, encontró leyes comunes entre la física atómica, la demografía, la economía o la biología, entre otros (el estudio fue hecho básicamente entre estos cuatro campos). El objetivo de la Teoría General de Sistemas de L.von Bertalanfty era encontrar isomorfismos o correspondencias de estructura entre fenómenos muy diversos para aplicarlos a modelos científicos de causa aún incomprensible.

Para entender mejor su trabajo científico (yo diría científico, pero "de amplio espectro") pondré un ejemplo de isomorfismo (propuesto por el propio autor): la similitud de estructura que se da entre fenómenos tan diferentes como "el crecimiento de la población de una ciudad", "el número de átomos que se descomponen dentro de un elemento radioactivo", "el crecimiento de la renta nacional" y "la propagación de un virus". No hace falta decir la cantidad de conocimientos y datos que deben barajarse simultáneamente para realizar este interesante trabajo científico-social.

El gran antropólogo francés Claude Lèvi-Strauss fue quien introdujo el método estructuralista en Europa (Anthropologie Structurale, Cap II). Más allá de la fórmula que dió Bertalanfty y su metodología de trabajo, lo interesante es el contenido de esta teoría, especialmente si la observamos desde un punto de vista amplio y universal. Lo que nos enseña es que la similitud de formas y estructuras (isomorfismos) es lo que produce una resonancia entre los seres, los sistemas y los diversos tipos de energías existentes.

Recordemos que "resonancia" es la vibración "del mismo tipo" o de la misma frecuencia; se trata del conocido y cotidiano fenómeno de la "empatía". De hecho, estamos hablando del viejo postulado chino de la "armonía universal" y la interrelación de todos los fenómenos. Una vez, Chuang Tzu cruzaba el río Hao con su amigo Hui Tzu, y dijo: "mira con que libertad saltan y nadan los peces, esta es su felicidad". Hui replicó: "Si tu no eres un pez ¿cómo sabes qué es lo que hace felices a los peces?... Chuang respondió: "Yo conozco el gozo de los peces en el río por el gozo que yo siento al caminar junto al mismo río".

El principio de resonancia, así como el concepto de empatía, o de relación armoniosa, no sólo se da en las ondas sonoras y con la música, sino que pertenece a todo el gran contexto energético y complejo dentro del cual vivimos. Siempre que existe una relación entre dos cosas o entes, se produce cierto movimiento; y el movimiento es vibración y vida. El fenómeno de todo movimiento o fluido en realidad se presenta de forma multidireccional, como el fenómeno de la ebullición. Y diría que también se presenta de forma "multidimensional".

En realidad, el hombre no es quien crea o gobierna la materia, sino todo lo contrario. Se puede decir que la "materia-energía" nos invade. Somos y existimos dentro de ella. Es nuestro sustento, como también el pez, invadido de agua, no puede vivir sin su contexto y su fluido. Esta materia-energía, nos envía señales y órdenes continuamente. Así todo lo observado altera al observador; de la misma forma, también el observador altera lo observado. La realidad no está fuera de nosotros, sino que formamos un todo con ella. El filósofo confucionista Wang-Yang (siglo XV) consideraba que la materia y la psique no son dos entidades existiendo independientemente una de la otra, sino como formando un CONTÍNUUM.

Después de todo lo escrito, creo que bien puedo decir que el espacio es energía; y la energía siempre tiene forma. No se conoce la existencia de energías amorfas. Y nuestra energía personal puede relacionarse con otras energías del mundo y del cosmos, en una relación coherente y armónica de identidades. Quizá el método terapéutico que yo propongo, el de utilizar las formas geométricas a modo de esquemas universales, integrándolas al fenómeno de la luz y del color en el ser humano, se trate de una primera siembra de un medio de evolución consciente. El sistema terapéutico de la Geocromoterapia, como muchos otros que surgirán en el mundo que utilizarán también la geometría, se basan en un nuevo concepto, no sólo de medicina vibracional, psicológica y espiritual, sino de filosofía de vida y de una concepción integrada de materia-energía, como formando una sola entidad. Mi aportación, esta primera siembra, tan sólo contribuye a formar las bases fundamentales y el esqueleto de la nueva medicina armónica del hombre.

Tal como somos, así vemos.
EMERSON

LA HIPÓTESIS DE LA LLAVE Y LA CERRADURA

Una idea que últimamente me viene a la mente a menudo, de forma totalmente intuitiva y, en principio, poco racional, es el concepto de lo que yo he venido llamando hasta ahora "la llave y la cerradura", o el "molde y el cuenco", o "el tornillo y la tuerca". Es una simple cuestión de complementariedad energética o de "encajamiento geométrico". Me refiero a una especie de matriz de energía.

La enorme importancia que la geometría puede tener en nuestra vida (aunque yo ya estoy convencida de que la tiene), es tan simple como el hecho de que la geometría exacta, el patrón geométrico, podría ser el mecanismo mediador que nos puede hacer "encajar" una enfermedad determinada. El patrón geométrico sería su catalizador. No me resulta fácil explicarlo, puesto que es mi parte intuitiva, mi lóbulo derecho, el que elabora aún esta teoría. Se trataría, en principio de una "predisposición a...", pero probablemente no pertenece del todo a nuestro mundo psicológico, ni consciente ni inconsciente. Y tampoco es exactamente el principio de resonancia mórfica de Rupert Sheldrake, aunque está muy cerca.

A veces un ejemplo nos ilustra más que mil palabras. Empecemos por un tornillo, de un diámetro, una longitud y una curva espiral determinada. Este tornillo debe encajar en una tuerca de un diámetro y una espiral exactamente igual al tornillo que debe recibir. Ahora supongamos que nosotros somos la tuerca y el tornillo es una enfermedad, por ejemplo. La enfermedad solo penetrará y se instalará en ti, solamente si "tu tuerca" tiene exactamente las mismas dimensiones. Si el tornillo o enfermedad se acerca a ti y el espacio interior de tu tuerca es demasiado ancho, la enfermedad pasará de largo; no encajará. Si tu tuerca es demasiado pequeña, el tornillo o enfermedad en cuestión, no entrará; no conseguirá penetrar. Esto puede ocurrir en otros campos, no sólo en las enfermedades. Quiero aclarar que no me estoy refiriendo al concepto de "sintonía" de ondas exactamente. Es algo más.

Otro buen ejemplo es la llave y la cerradura. En este caso la llave puede ser un cáncer, una diabetes, un síndrome de inmunodeficiencia o una gripe, da lo mismo. Sólo podrá entrar, encajar y abrir, en la cerradura que tenga exactamente las mismas hendiduras que aquella llave y no otra.

Desde muy pequeña siempre me he preguntado porqué los médicos y enfermeras que trabajaban durante mucho tiempo en las zonas de pestes, infecciones y grandes enfermedades, casi nunca cogían ninguna de ellas. Esta ha sido siempre para mí una de las mayores incógnitas que han estado presentes en mi mente durante medio siglo. (Parece mentira lo que pueden llegar a inducir unas cuantas películas en la infancia...). Aquellos médicos, pienso ahora, no respondían al mismo patrón. No encajaban dentro de sí, el patrón energético de la enfermedad a la que estaban enormemente expuestos. La llave no coincidía en su cerrojo. Su matriz era distinta. ¿Había una predisposición psicológica a no contagiarse? ¿Era una simple cuestión higiénica? Eso seguro que no, porque me estoy refiriendo a etapas de la Historia en las que aún no se conocía la necesidad de esterilidad del material quirúrgico ni nada parecido. ¿Tenían "todos y cada uno de los médicos y enfermeras" un sistema inmunológico a prueba de bomba? Esta reflexión no tan sólo puede hacerse respecto al pasado, sino que es aplicable a nuestro mismo presente. Aún con todos los avances tecnológicos y médicos, los mecanismos de transmisión siguen dándose igualmente. ¿Quizá sean patrones de propagación a través de ondas electromagnéticas?

¿De qué tipo de predisposición se trata? Lo que está claro es que no depende de la voluntad. Nadie quiere tener un cáncer o un sida, o una simple hepatitis. Sin embargo, sigo creyendo, en mi empecinada intuición, que "algo" encaja a la perfección cuando una enfermedad se acopla a ti. Cuando tu molde recibe en su totalidad la forma de la materia actuante, ¿o no es materia? Cuando una llave encaja hoy en tu cerradura (elaborada paso a paso) y abre una puerta, desencadena algo diferente. Y una vez abierta la primera puerta, la llave puede abrir otra y otra y otra; siempre puertas con la misma cerradura. Y la enfermedad se extiende por tu organismo.

Sin embargo, para comprender algo de este extraño mecanismo, mi intuición esta vez se ha cogido de la mano de la mente pensante, racional y discursiva, y he decidido revisar o indagar un poco, sobre esta idea de llave-cerradura, en los principios de la bioquímica. De hecho, hay varios substratos en el cuerpo humano, sobre los que tomar referencias la respecto. Por ejemplo: la insulina viaja por la sangre junto a la glucosa y son vertidas al espacio interior de las células. En la membrana de las células, como vimos en el capítulo cinco ("Electricidad y polaridad"), tenemos unos maravillosos "receptores específicos" para la glucosa y otros receptores específicos para la insulina. Cada uno de estos receptores busca el que le corresponde para transformarlo o anularlo. Si, por cualquier deficiencia, en el cuerpo se genera un tipo de insulina diferente, el receptor normal de la insulina "no lo reconoce". Es decir, no tiene la misma hendidura de la llave, a pesar de ser igualmente insulina. Así se genera la diabetes; el páncreas funciona, pero con resultados diabéticos.

En el sofisticado sistema inmunitario del hombre ocurre lo mismo. Los anticuerpos tienen diferentes terminaciones geométricas que "reconocerán" y encajarán con el antígeno correspondiente. Los diferentes anticuerpos se unirán a los diferentes antígenos (y cada uno de aquellos es específico para un antígeno determinado). Así, un antígeno particular induce específica y exclusivamente la producción de los anticuerpos que pueden unirse a él. Cada anticuerpo se acopla con una parte específica del antígeno, como una llave encaja "sólo" en su cerradura.

En nuestro ADN mensajero, están las bases sobre las que se unirán otras bases que llevan el mismo tipo de información. Siempre en las ilustraciones de bioquímica vemos como una especie de enchufes, unos terminales, con una determinada forma geométrica que deben encajar con otras terminales de las mismas características y formas. Eso es un ejemplo más en la naturaleza, de complementariedad y de perfección geométrica, dejando a un lado, la maravillosa geometría y proporción matemática implícita en la propia espiral del ADN. Siempre se trata de lo mismo: Matriz, acoplamiento y objeto. Tornillo, acoplamiento y tuerca. Llave, acoplamiento y cerradura.

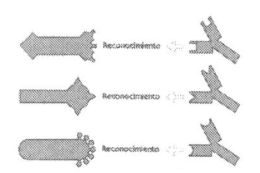

La geometría no puede estar implícita tan sólo en la naturaleza. Como es arriba, es abajo. Si los patrones geométricos de funcionamiento están en la base del microcosmos, también lo están en el macrocosmos. Si la geometría es inherente a las moléculas de la materia, también lo es a los campos energéticos e invisibles. Si lo están en nuestras células también lo están en nuestro funcionamiento mental y en nuestra constitución espiritual.

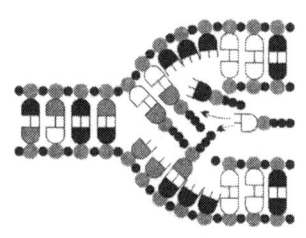

Terminales del ADN humano

A veces pienso que, cuando alguien me explica que su madre, su abuelo y su hermano, por ejemplo, murieron de cáncer y ..."yo tengo una clara predisposición hereditaria para coger la enfermedad, así es que debo prepararme...", creo, o siento, que esta persona está elaborando su molde para encajar a la perfección el patrón de la enfermedad (más allá de la genética); que está realizando las hendiduras geométricamente perfectas para que su cerradura reciba la llave del cáncer. Ocurre lo mismo cuando alguien con una infección cualquiera, explica exhaustivamente los síntomas y consecuencias de la enfermedad temporal que ahora sufre. La persona que lo escucha se identifica y empieza a experimentar un miedo atroz a coger lo mismo. Este estado psicológico de "miedo" es una elaboración de la matriz idónea, perfecta para recibir el virus en cuestión; con el miedo perfecciona su molde, su tuerca, la cerradura de su puerta, que será abierta fácilmente por la llave complementaria.

Sin embargo, la observación nos dice que la Vida es de naturaleza expansiva. Los procesos de la vida no son nunca restrictivos, o de constricción, sino que siempre son de por sí expansivos. Si algunos procesos son restrictivos, son los de nuestros hábitos. La involución o la contracción generada por cualquier cosa que nos ocurre parece ser de tipo psicológico; proviene de nuestra mente o intelecto, pero no de la vida y de la naturaleza evolutiva.

Por esa razón, el mismo proceso de acoplamiento "llave-cerradura", nos puede hacer encajar también en patrones expansivos y positivos. Tal vez debiéramos hacer una distinción entre el Ser y la Personalidad. Nuestras cerraduras encajan en ciertas llaves "dolorosas", o de sufrimiento, cuando estos acoplamientos son originados por la personalidad, el proceso de aprendizaje, y los hábitos del individuo. Pero cuando el acoplamiento llave-cerradura proviene del Ser, de nuestra parte eterna y espiritual, es cuando el resultado, la puerta que abre aquella llave, es positiva y expansiva, es decir no restrictiva ni involutiva. Es cuando, de pronto, comprendemos algo, sin explicaciones, ¡¡y soltamos un –ajá !!-. La llave encajó y algo se abrió dentro. Es también el estado de iluminación de un místico en un momento dado de su meditación. Es, en definitiva, un estado de expansión de la consciencia. Algún patrón energético se acopla geométrica y perfectamente a nuestro Ser, haciéndolo crecer y expandir.

No creo que mi intuición en este tema deba necesariamente archivarse, por el mero hecho de ser una idea intuitiva, aún siendo tan incompleta; por el contrario, abro las puertas e invito a los profesionales especializados (bioquímicos, físicos, metafísicos y psicólogos principalmente) a investigar a fondo sobre todo ello, para que puedan contribuir a nuestra verdadera evolución. Me he permitido lanzar este cable públicamente, desde la desnudez de mi intuición, porque me parece un concepto clave a desarrollar y a ampliar, pero, insisto, debería ser una investigación grupal e interdisciplinar, propia del tercer milenio.

Toda parte está dispuesta a unirse con el 'todo'
para así, quizá, escapar de su incompletitud.
LEONARDO DA VINCI

CIENTIFISMO VERSUS MISTICISMO

Para terminar, me gustaría manifestar lo que yo entiendo por la auténtica ciencia de la vida. Este aspecto interdisciplinar de la ciencia, comentado en el capítulo anterior, incluye lo que hasta ahora ha venido llamándose, a veces quizá con tono despectivo, el "misticismo". Los aspectos más metafísicos de la Realidad, el aspecto espiritual que forma parte de todo Ser Humano. En estos aspectos se incluyen, como no, el arte y los extensos caminos de la creatividad; los sofisticados y ultrasensibles rincones de la mente y en definitiva, el profundo valor de lo que es invisible, poder inherente a nuestro Ser que algún día deberíamos saber manifestar e integrar.

Fue el propio Marconi, entre otros investigadores, quien admitió lo inadecuado de la ciencia ante sus propias finalidades: "La incapacidad de la ciencia para resolver lo qué es la vida, es absoluta. Este hecho sería ciertamente aterrador si no fuera por la fe. El misterio de la vida es ciertamente el misterio más persistente que se ha colocado ante el pensamiento del hombre". De todas formas, con este libro tampoco trato de descubrir de una vez por todas el misterio de la vida; muy lejos de esta pretensión, de lo que se trataría es de ver qué actitud deberíamos tener ante este misterio o ante esta maravilla constante de la que dependemos: la Vida.

El hombre de la calle de hoy se pregunta, y necesita saber, qué camino es el mejor para estar sano y ser feliz, ante una desbordante oferta de opciones científicas o pseudo-científicas, culturales, comerciales y filosóficas. Además de este fenómeno social evidente (nueva era...), en occidente no podemos olvidar la influencia del pensamiento oriental, de la misma manera que oriente no puede evitar la influencia de la invasión técnico-científica de occidente; ni podemos ignorar que la interrelación norte-sur, nos separa cada vez menos. A todo eso, naturalmente, ha tenido mucho que ver la rápida evolución de los medios de comunicación. Sea como fuere, creo que a muchos ya no nos sirven los cánones hasta ahora establecidos y que necesitamos volver a replantearnos todo de nuevo.

Veamos qué ocurre y dónde están los posibles prejuicios que

pueden impedir la evolución personal y espiritual. Para realizar cualquier experimento de física subatómica, por ejemplo, antes deben pasar muchos años de estudio, de investigación, de entrenamiento, etc. Este es un hecho similar (por no decir "igual") a una experiencia mística; también el místico requiere años de entrenamiento, de meditación, de estudio y reflexión, además de la dirección de un maestro o un experto en las cuestiones del alma. Si la experiencia tiene éxito y está bien fundada, el místico podrá repetir el experimento, igual que el científico.

Dicho de otro modo: una experiencia mística no es menos sofisticada que un experimento científico, aunque lo sea de un modo diferente. La consciencia mística puede ser tan compleja y eficiente como un aparato técnico de investigación o la mente del investigador. Tanto el científico como el místico han desarrollado métodos de observación de la naturaleza muy complejos y sofisticados, a veces, incluso, inaccesibles a los profanos. Es decir: una revista científica puede ser tan misteriosa como un mandala; los dos objetos son resultados y registros diferentes de la investigación sobre la naturaleza del Universo.

En todo experimento científico hay percepciones intuitivas directas por parte de quién lo realiza, ¡cuantas veces lo hemos oído!; en todo investigador se dan flashes repentinos, no verbales, percepciones intuitivas directas. Y de la misma manera que el místico en meditación, también un científico a menudo necesita silenciar la mente pensante y, sea consciente o no de ello. Necesita trasladar la consciencia desde el modo racional al intuitivo. De hecho, todos en la vida cotidiana tenemos experiencias intuitivas directas, al mismo tiempo que cocinamos y preparamos una buena comida, por ejemplo; es decir intuimos y creamos, al tiempo que pensamos y producimos experimentos químicos y transformaciones de la materia en nuestra cocina. Como bien dijo Kant: "Los pensamientos sin intuiciones están vacíos; las intuiciones sin pensamientos son ciegas".

Durante mucho tiempo, la mecánica clásica de Newton fue considerada como una teoría definitiva para describir los fenómenos de la naturaleza; hasta que se descubrieron los fenómenos eléctricos y magnéticos, demostrando así que el modelo newtoniano era incompleto, como hemos visto en capítulos anteriores. Esto implicó que aquel modelo científico fuera ampliado y substituido por la teoría cuántica y más tarde por la teoría de la relatividad de Einstein. Esto no significa que el modelo de Newton estuviera equivocado y que sólo las teorías cuánticas y de relatividad "tuvieran razón". Simplemente todos los modelos son aproximaciones y sólo son válidos para ciertos fenómenos; eso ocurre tanto en el cientifismo como en el misticismo.

Los místicos también son conscientes de que cualquier descripción verbal de la realidad es siempre incompleta y poco precisa; también son aproximaciones de lo que verdaderamente ocurre. El místico, o el hombre espiritual, ha de trascender todo pensamiento lógico y todo lenguaje para obtener experiencias directas y profundas de la realidad. Sin embargo, místicos de todas las culturas han necesitado describir y explicar al mundo sus experiencias; para ello han utilizado símbolos, metáforas, alegorías y un extenso lenguaje místico y metafísico, más rico en formas e imágenes sugestivas y arquetípicas que en imágenes concretas, lógicas y cerradas.

La teoría de la gravedad nos dice que "curva el espacio y el tiempo". Según Einstein la curvatura de un espacio es causada por el campo gravitatorio de los cuerpos sólidos. Pero como el espacio no puede separarse del tiempo, según la teoría de la relatividad, el tiempo también se verá afectado por la presencia de la materia; por tanto, este tiempo fluirá de una forma distinta, en distintas partes del Universo. Ahora ya, los conceptos de "espacio vacío" y "materia" o cuerpos sólidos, han perdido todo su significado, a pesar de que estén tan arraigados en nuestros hábitos de pensamiento. Recordemos que estos conceptos ya no son prácticamente utilizados por los científicos, ni en astrofísica ni en cosmología, sino que han quedado substituidos por la física atómica, la ciencia de lo infinitamente pequeño.

Estas unidades subatómicas de la materia son entidades muy abstractas que se presentan en un aspecto dual, como ya hemos visto; a veces aparecen como partículas y otras veces aparecen como ondas. también la Luz puede tomar la expresión de ondas electromagnéticas o bien de partículas. Así que existe una propiedad común entre la materia y la luz. Aunque aún hoy nos cuesta aceptar (y entender) que algo que puede ser un cuerpo definido y tocable, sea también una onda que se esparce por el espacio y que nos afecta. Pero, aunque nos cueste llegar a esta comprensión y nos sea incómodo adaptarla a nuestro quehacer cotidiano, debemos asumir este nuevo concepto de la realidad de la materia.

Además, la materia, a nivel subatómico, no está siempre en un "lugar determinado" sino que muestra tendencias a existir. Del mismo modo que los sucesos atómicos no ocurren en un tiempo y de un modo determinado, sino que muestran tendencias a ocurrir. Esas "tendencias", en teoría cuántica se muestran como "probabilidades" y se relacionan con cantidades matemáticas que toman forma de ondas; pero no como las ondas del agua o las sonoras, sino como ondas de probabilidad. Hoy en día todas las leyes de la física de los átomos de la materia se expresan en ondas de probabilidad. Es decir: nunca podemos predecir cualquier suceso atómico con certeza; tan sólo decimos que es probable que ocurra.

Hoy, la materia, todas las cosas y los objetos sólidos, se diluyen en patrones de probabilidades y de comportamientos interconectados. Las teorías científicas han demostrado que no podemos descomponer el mundo en unidades independientes, como hasta ahora lo había hecho la física clásica (decían: "ladrillos" básicos, aislados, independientes...) sino que la realidad material aparece como una complicada interrelación de diversas partes de un conjunto de fuerzas. Esto significa que el concepto de descripción objetiva ha dejado de tener valor. En el fondo, todo es subjetivo. Esta permanente interrelación de fuerzas incluye naturalmente el "observador humano".

Existe una enorme interrelación entre el objeto observado y el observador. Este es un fenómeno investigado y demostrado, que a mí personalmente me parece extraordinario y bastante definitivo o aclaratorio. El gran científico W. Heisenberg dijo al respecto: "Lo que nosotros observamos, no es la naturaleza misma, sino la naturaleza expuesta a nuestro método de interrogación" (Physics and Philosophy). Actualmente, en física atómica sólo son significativas las propiedades de un objeto, teniendo en cuenta la interacción del objeto con el observador del mismo.

En un experimento, el observador decide cómo va a establecer la medición, la descripción, las conclusiones, etc., de un objeto, de un hecho o de algo orgánico que decida investigar. Esa decisión, es decir, el "cómo" lo investiga y lo que espera encontrar, determinará las propiedades del objeto observado (vayamos haciendo paralelismos con lo que ocurre en experiencias místicas, oraciones, meditaciones, canalizaciones, etc.). Si se modifican las características del experimento, las propiedades del objeto observado también cambiarán.

Ahora se sabe que, en cualquier experimento realizado, el científico no puede jugar el papel de observador imparcial objetivo. El observador se ha involucrado en lo que observa, e influencia inevitablemente en las propiedades del objeto observado. Por esa razón John Wheeler (The Physicist's Conception of Nature) ha considerado este involucramiento como uno de los fenómenos más destacables de las nuevas teorías científicas y a sugerido (con mucha lucidez, creo...) reemplazar la palabra "observador" por la palabra "partícipe": "En este principio cuántico, nada es más importante que esto, pues destruye el concepto del mundo como "algo exterior", donde el observador está aislado de él por una gruesa capa de cristal de 20 cm. Incluso para observar un objeto tan minúsculo como un electrón, tendrá que destruir el cristal. Tendrá que penetrar e instalar su equipo de medición. A él le corresponderá decidir si medirá la posición o el momento. Instalar el equipo para medir lo uno, impide y excluye su instalación para medir lo otro. Además, la propia medición varía y modifica el estado del electrón. El universo nunca será ya el mismo. Para describir lo que ha ocurrido, se hace necesario borrar la vieja palabra "observador" y colocar en su lugar la de "partícipe". En cierto extraño sentido, el universo es un universo de participación.

Esta nueva concepción, recientemente formulada e incorporada por la ciencia, es bien conocida por los místicos. El "conocimiento" místico no se obtiene solamente mediante la observación, sino que es necesaria la participación plena de nuestro Ser. Sin reservas. El observador y el observado, sujeto y objeto, ya son inseparables. En meditación profunda, un místico se funde en un Todo indiferenciado.

En palabras de Paramahausa Yogananda: "El yogui que a través de la meditación perfecta ha fundido su consciencia con el Creador, percibe la esencia cósmica como Luz; para él no existe diferencia entre los rayos luminosos que componen el agua y los rayos que componen la tierra. Libre de la consciencia de la materia, libre de las tres dimensiones del espacio y de la cuarta dimensión del tiempo, un maestro puede transportar su cuerpo de luz con facilidad.... La ley de los milagros puede ser puesta en acción por todo hombre que haya comprendido que la esencia de la creación es Luz". ("Autobiografía de un Yogui").

En su tiempo (aunque todavía lo estemos asimilando...) Einstein demostró que la masa no tiene nada que ver con ninguna substancia material, sino que es una forma de energía, y la energía es una cantidad dinámica relacionada con una actividad (o un proceso). "Una partícula ya no puede ser considerada como un objeto estático sino que debe concebirse como un patrón dinámico". Este nuevo concepto de partícula fue iniciado por Dirac con su Teoría sobre la Antimateria (por la que recibió el Premio Novel en 1933), en la que formuló una ecuación que describía el comportamiento de los electrones. La teoría de Dirac se consideró que era la primera y, a la vez, consistente con la mecánica cuántica y con la teoría de la Relatividad. La nueva teoría de Dirac tuvo un éxito enorme, pero además reveló una simetría fundamental entre la materia y la antimateria. Predijo la existencia de un antielectrón, con la misma masa que un electrón, pero con carga opuesta (carga +). Dos años más tarde de su predicción, esta "antipartícula" fue descubierta y hoy es llamada "Positrón".

La simetría entre la materia y la antimateria, significa que para cada partícula existe una antipartícula, de igual masa y de carga opuesta. Actualmente se pueden crear pares de partículas y antipartículas, dando lugar a procesos de creación y aniquilación. Cuando dos partículas colisionan con altas energías, se rompen en pedazos, pero estos no son más pequeños que las partículas originales. Las colisiones de estas partículas subatómicas, se realizan partiendo de la energía cinética (en movimiento) que producen los enormes "aceleradores de partículas". A pesar de tener un corto tiempo de vida, esas partículas y antipartículas pueden fotografiarse y medirse a través de una "cámara de burbujas". Las huellas que dejan los puntos de colisión, y las curvas que producen los campos magnéticos de las partículas en cuestión, dibujan unas formas geométricas muy hermosas, espirales, circulares y diversas líneas y diseños que, para los físicos, son de enorme importancia.

La diferencia entre una partícula material y una antipartícula, es que las primeras son portadoras de fuerza y poseen una gran masa. Esta masa la pueden intercambiar entre ellas a cortas distancias. A esa fuerza que intercambian las partículas materiales, son llamadas partículas virtuales, porque no pueden ser descubiertas por un detector de partículas, pero se sabe que existen porque tienen un efecto medible y generan la fuerza entre las partículas materiales. también saben los científicos que las leyes habituales de la física no son exactamente las mismas para la materia que para la antimateria.

Hoy en día sabemos que cada partícula de materia tiene su antipartícula con la que puede aniquilarse. Como ha dicho el propio Stephen Hawking en su "Historia del tiempo": podrían existir antimundos y antipersonas enteros, hechos de antipartículas... (aunque después se ría él mismo de sus propias palabras, como buen científico).

En definitiva, ¿está tan lejos todo lo dicho, del misticismo y de todos los argumentos y concepciones espirituales? Personalmente, cada día veo más similitudes entre el mundo de la ciencia y el del espíritu, más unión entre la física y la metafísica. El concepto de antimateria, ¿podría ser parecido al concepto chino de "energía perversa" o SHA que aniquila el equilibrio de nuestra salud, y que está en permanente lucha con nuestro Qi o energía vital? ¿O bien podría ser el "agente morboso, hostil a la vida" del Dr. Hanhemann? ¿Quizá se trate del poder oscuro de Ahrimán que hace 2.600 años nos explicaba Zoroastro?

Sin embargo, todo tiene una razón de ser incluso la antimateria y la no-luz; así lo expresó Lao Tsé en uno de los aforismos más bellos del Tao: "Moldeamos arcilla para hacer un jarro; pero es en el espacio vacío donde reside la utilidad del jarro. Abrimos puertas y ventanas, cuando construimos una casa; pero son estos espacios vacíos los que dan utilidad y belleza a la casa. Por tanto, igual que nos aprovechamos de lo que es, deberíamos reconocer la utilidad de lo que no es".

Quizá la ciencia ya no debería basarse sólo en datos, sino que debería ser viva, vivida, una ciencia biológica y experimental. Ya estamos saturados de estadísticas y comprobaciones de laboratorio; quizá ahora ya necesitamos una ciencia basada en la experimentación directa por parte de todos; experimentada por diferentes mentalidades. Una comprobación empírica y experimentable que nos permita encontrar y sentir la unidad de todo lo que nos rodea; como el místico en la meditación experimenta su esencia de luz cuando se funde con Dios, o con la Creación o con el Todo.

La metafísica budista e hinduista nos explican que la realidad material en la que parece que vivimos, es precisamente "ilusoria" y que la verdadera "Realidad" trascendente, que no vemos ni tocamos, es la verdadera esencia de la existencia. El poder está en lo invisible. Es el maravilloso concepto de la Vacuidad que nos enseñan los lamas. La ilusión del mundo, o Maya, según el hinduismo, literalmente significa ausencia de conocimiento, ignorancia, ilusión. Maya no puede ser destruida por medio de la convicción intelectual, o por medio del análisis, sino únicamente mediante el estado interno de Samadhi.

Voy a terminar parafraseando de nuevo a Yogananda, reproduciendo un fragmento de un texto extraído de su interesante autobiografía: "La ciencia física no puede formular leyes que escapen del campo de maya, la cual constituye la verdadera trama y estructura de la Creación. La naturaleza misma es maya; la ciencia material debe forzosamente operar con su ineludible trama. En su propio dominio, maya es eterna e inagotable; los científicos del futuro no podrán hacer más que probar un aspecto tras otro de su variada infinidad. Así, la ciencia permanece en perpetuo flujo, sin serle posible alcanzar nada definitivo; ella es ciertamente apta para formular las leyes de un cosmos preexistente y en funcionamiento, pero incapaz de descubrir al único Hacedor y Operador de la Ley. Las majestuosas manifestaciones de la gravedad y la electricidad son ya conocidas, pero qué son la gravedad y la electricidad, ningún mortal puede saberlo.

"Dominar a maya fue la tarea asignada a la raza humana por los profetas milenarios. Elevarse sobre la dualidad de la creación y percibir la unidad del Creador: he aquí lo que se consideró la meta más elevada del hombre. Aquellos que se aferran a la ilusión cósmica deben aceptar la esencial ley de polaridad de ésta, ley de flujo y reflujo, elevación y caída, día y noche, placer y dolor, bien y mal, nacimiento y muerte. Este sistema cíclico asume cierta monotonía angustiosa, cuando el hombre ha pasado ya a través de algunos millares de nacimientos humanos, entonces es cuando comienza a dirigir su mirada, esperanzado, más allá de las compulsiones de maya. Rasgar el velo de maya es penetrar en el secreto de la Creación."

Si ha de darse una nueva oleada creativa,
esta debe traer consigo las tres dimensiones básicas:
la individual, la sociocultural y la cósmica.
DAVID BOHM

BIBLIOGRAFÍA

Arte y percepción visual, Rudolf Arnheim, Ed. Alianza Forma
Atrapando la Luz, Arthur Zajonc, Ed. Andrés Bello
Ciencia, Orden y Creatividad, David Bohm y David Peat, Ed. Kairós
Color, Suzy Chiazzari, Ed. Blume, (revisión técnica y conceptual de Marta Povo)
Color y Formas, lo esencial de la Geocromoterapia, Marta Povo, Ed. Harmonia's
Combinar el color, Hideaki Chijiwa, Ed. Blume (revisión conceptual de M. Povo)
Cuadernos de Bioenergética del hombre, Jorge Carbajal, Ed. Nestinar
Curación Cuántica, Deepak Chopra, Ed. Plaza & Janés
De lo Espiritual en el Arte, Kandinsky, Ed. Labor
Despierta la Energía Curativa a través del Tao, Mantak Chia, Ed. Mirach S.A.
El Camino del Zen, Allan Watts, Ed. Edhasa
El Camino Musical hacia el Espíritu, George Balan, ed. Musicosofía
El CAMPO, buscando la fuerza secreta que mueve el universo, Lynne McTaggart
El Cercle Infinit, Bernie Glassman, Ed. Helios-Viena
El Código de la Luz, Daniel Lumera, Ed. Obelisco
El Cosmos del Alma, Patricia Cori, Ed. Sirio
El elogio de la sombra, Tanizaki, Ed. Siruela
El Experimento de la Intención, Lynne Mc Taggart, Ed Sirio
El Hemisferio Olvidado, canalización y coherencia, Marta Povo
El Hombre y sus Símbolos, Carl G. Jung, Ed. Caralt
El Kibalión: Filosofía Hermética del Antiguo Egipto y Grecia, Anónimo, Ed. Kier
El Lenguaje de las Figuras Geométricas, Omraam Mikhaël Aïvanhov, Ed. Prosbeta
El Misterio de Las Catedrales, Fulcanelli, Ed. Plaza & Janés
El Número de Oro, Matila C. Ghyca, Ed. Poseidón
El Poder de los Límites, György Doczi, Ed. Troquel
El Punto Crucial, Fritjof Capra, Ed. Sirio
El Secreto de la Flor de Oro, Anónimo, traducción de Richard Wilhem, Ed. Paidós
El Simbolismo de los Colores, Frédéric Portal, Ed. Sophia Perennis
El segundo secreto de la vida, Ian Stewart, Ed. Crítica-Drakontos
El Tao de la Física, Fritjof Capra, Ed. Sirio
El Templo en el Hombre, R.A. Schwaller de Lubicz, Ed. Edhaf
El Universo Elegante, Brian Green, Ed. Crítica

El Valor de lo Invisible, Marta Povo, Ed. Harmonia's

El Vínculo: la Conexión Existente Entre Nosotros, Lynne Mc Taggart, Ed Sirio

Energía y Arte, Marta Povo, Ed. Harmonia's

¿Es Dios un geómetra?, Ian Stewart, Ed. Crítica-Drakontos

Filosofía y Mística del Número, Matila C. Ghyka, Ed. Apóstofre

Formas del Pensamiento, Annie Besant-C.W. Leadbeater, Ed. Kier

Geometría y Luz, una medicina para el alma, Marta Povo, Ed. Isthar

Geometría y Visión, Pablo Palazuelo, Ed. Diputación Provincial de Granada

Geometría Sagrada, Miranda Lundi, Ed. Oniro, 2005

Geometría Sagrada, descifrando el Código, Stephen Skkiner, Ed. Gaia

Geometría Sagrada de la Gran Pirámide, Ivan Paíno, Ed. Isthar

Gran Atractor de Implosión, Geometría Sagrada, la Emoción Coherente, Dan Winter, Ed. Psicogeometría

Hágase la Luz, Bárbara Anne Brennan, Ed. Martinez Roca

Hara: centro vital del hombre, Karlfried Graf Dürckheim, Ed. Mensajeros

Hiperespacio, Michio Kaku, Ed. Crítica

La Clave Cromática, Nieves Alfaro, Autoedición

La Composición Áurea en las Artes Plásticas: El número de Oro, Pablo Tosto

La Conciencia sin fronteras, Ken Wilber, Ed. Kairós

La Definición del Arte, Umberto Eco, Ed. Martinez Roca

La Divina Proporción Formas Geométricas y Acción del Demiurgo, C.Bonell, UPC

La Divina Proporción, Luca Pacioli, Ed. Akal

La Enfermedad como Camino, T. Dethlefsen y R. Dalhke, Ed. Plaza & Janés

La Enfermedad como Símbolo, Ruediger Dalhke, Ed. Robin Book

La Estética de las Proporciones, Matila C. Ghyca, Ed. Poseidón

La Luz, Espíritu Vivo, Omraam Mikhaël Aïvanhov, Ed. Prosbeta

La Proporción Áurea, Mario Livio, Ed. Ariel, 2008

La Salud por el Color y la Terapia de los Colores, Theo Gimbel, Ed. Edad

Láser y Sintergética, Jorge Carvajal Posada, Ed. ViaVida

La Totalidad y el Orden Implicado, David Bohm, Ed. Kairós

Las huellas de los Dioses, Graham Hancock, Ed. B

Lecturas del Entorno, Marta Povo, Ed. Harmonia's

Los misterios de Shamballa, Vicente Beltrán Anglada, Ed. Kier

Los Tres Ojos del Conocimiento, Ken Wilber, Ed. Kairós

Los Versos de Oro, Pitágoras, Ed. Troquel

Mantras, John Blofeld, Ed. Edaf

Mas allá del Materialismo Espiritual, Chögyam Trungpa, Ed. Edhasa

Mas allá de la Teoría Cuántica, Michael Talbot, Ed. Gedisa

Médecine Tibétaine Bouddhique et sa Psychiatrie, Terry Clifford, Ed. Dervy-Lib

Medicina China: una Trama sin Tejedor, Ted J. Kaptchuck, Ed. La Liebre de Marzo

Mensajes del Agua, Masaru Emoto, Ed. La Liebre de Marzo

Mística del Color y la Geometría, Marta Povo, Ed. Harmonia's

Ondes de Forme et Énergies, Felix & William Servranx, Ed. Servranx

Pitágoras, Mario M. Perez-Ruiz, Ed. Océano

Pitágoras, Peter Gorman, Ed. Crítica

Platón: Obras Completas, Ed. Aguilar

Principios inteligentes de la geometría sagrada, Marta Povo, Ed. Harmonia's

Punto y Línea sobre el Plano, Vasili Kandinsky, Ed. Labor

Sacred Geometry, Philosophy & Practice, Robert Lawlor, Ed. Thames & Hudson

Símbolos Fundamentales de la Ciencia Sagrada, R. Guenon, Ed. Universitaria

Soufle de Lumiêre, Alain Masson, Ed. Opera Editions

Textos de estética taoista, Luis Racionero, Alianza Editorial

The Healing Buddha, Lama Thubten Zopa Rimpoché, Ed. Wisdom Publications

The Law Of Light, Lars Muhl, Ed. Gilalai

Una Nueva Ciencia de la Vida, Rupert Sheldrake, Ed. Kairós

Vida Pitagórica, Jámblico, Ed. Etnos

Wabi-sabi, para artistas, poetas y filósofos, Leonard Koren, Ed. Hipòtesi-Renart

Yantra, The Tantric Symbol of Cosmic Unity, Madhu Khanna, Ed. Thames & Hudson

HISTÓRICO DE LA AUTORA

En el interior de mi alma se integran de forma natural tres grandes aspectos: la creatividad, la sanación y la docencia. Como profesional, un tercio de mi existencia lo dediqué a la fotografía profesional y dos tercios los he destinado a la medicina integrativa, energética y psico-anímica, actualmente llamada holística.

Nací un 11 de octubre del año 1951 en el barrio gótico de Barcelona. Recibí una especial educación artística y a la vez metafísica, de unos padres y un ambiente poco común. Estudié el bachillerato de ciencias, pero acabé estudiando Historia y Antropología en la Universidad de Barcelona.

Mi espíritu investigador pronto me llevó a explorar el campo de la imagen y la fotografía, pero este mismo Arte de la Luz me condujo a estudiar el funcionamiento de la energía y acabé haciendo la carrera de Acupuntura y Medicina China. A partir de aquí todo cambió al comprender 'todo lo que existe' detrás de la materia aparente. No paré de estudiar otras disciplinas médicas, energéticas, psicológicas y cuánticas relacionadas.

A partir de los 38 años, me centré en explorar el mundo intangible: la energía, la metafísica, la espiritualidad, la visión cuántica, la mente humana, la neuropsicología, la mística, los espacios como entes vivos, la íntima interrelación entre el alma, la personalidad y el cuerpo, la trascendencia y los ingredientes de la evolución, el arte contemplativo...

Todos los conocimientos adquiridos durante décadas me reportaban nuevas sinapsis y mi sensibilidad psíquica innata fue madurando. El arte de la meditación y la contemplación contribuyó mucho a amplificar mi percepción de todo el que es intangible. Al mismo tiempo, mi experiencia terapéutica durante los últimos treinta años me ha ido constatando que nada es como parece ser, sino que todo está regido por unas leyes espirituales invisibles pero evidentes, y que todos o Todo está unido e hilado por una red sincrónica y sabia, que podemos llamar Fuente, Dios o espiritualidad, el sustrato intrínseco de la Vida.

Posiblemente todo ello hace de mí una persona polifacética y multidisciplinar, que inevitablemente tiene una visión amplia e integrativa del ser humano, de su gran potencial creador y de su compleja salud psico-bio-energética; lo que posibilita y facilita mi aportación pedagógica de las últimas décadas. Todo ello se suma a mi alta sensibilidad psíquica y la facilidad de canalizar desde los 14 años, hasta el día de hoy, posiblemente habiendo heredado la mediumnidad de mi madre.

Muestro una síntesis de mi capacitación, para quien le interese saber los pasos que di para llegar a ser quien soy, aunque mi alma pionera, rebelde, investigadora y creativa ya lo era antes de nacer, como somos todos y cada uno, un ser peculiar y único que se auto-transforma y se auto-educa anímicamente, más allá de cualquier formación que realice.

Existen en mi experiencia de vida dos grandes y diferentes etapas existenciales:

1951-1988: Durante mi primer período de vida cursé el bachillerato de ciencias y más tarde estudié durante 4 años Historia y Antropología en la Universidad de Barcelona, carrera que no finalicé el 5º curso por larga enfermedad. Durante 18 años me dediqué a la fotografía profesional, en la especialidad de arquitectura y paisaje. Durante 2 años di clases en la Universidad Politécnica de Barcelona, con la asignatura Interpretación Filosófica del Arte Fotográfico.

Desarrollé también una intensa obra fotográfica personal y artística, realizando de 114 exposiciones individuales y otras tantas colectivas (ver dónde y cuándo en mi página martapovo.es). Mi extenso y fructífero archivo fotográfico profesional, actualmente lo he donado para su idónea conservación, al fondo documental del Archivo Fotográfico Municipal de Barcelona.

1988-2023: En este segundo período hice un giro importante profesional y existencial hacia la terapéutica, la metafísica y la espiritualidad; comencé a estudiar de nuevo e investigar sobre los fenómenos metacognitivos y me fui capacitando en el campo de la bioenergética, estudiando cronológicamente: Quiromasaje, Reflexología, Terapia Floral, maestría de sanación Reiki, Medicina China y Acupuntura,

Budismo y meditación, Antroposofía, Psicología Jungiana, Constelación Familiar Sistémica, Sanación Esenia-Egipcia, Neuropsicología, Inteligencias Múltiples y Mindfulness, Ciencia Unificada con Resonance Science Fundation, explorando hasta hoy los conceptos de metafísica, visión cuántica y otras materias psicológicas, energéticas y espirituales.

· En el año 1994 plasmé el nuevo paradigma de la Geocromoterapia ® y una extensa metodología basada en distintas aplicaciones psico-anímicas de 77 códigos o arquetipos universales de la Geometría aplicada y los colores de la Luz, una visión integrativa de frecuencias Geocrom, que se han constatado hasta hoy como muy eficaces para la salud, la psicología, la pedagogía y la evolución espiritual consciente.

· En 1996 comencé mi carrera literaria, habiendo escrito y publicado hasta hoy 22 libros. En esta época, fui creando distintos campos de trabajo partiendo del método Geocrom, con sus especialidades de Medicina del Hábitat, de Esencias Geocrom Codificadas y más tarde de Meditaciones con Geometría Terapéutica.

· En 1998 creé la plataforma del Instituto Geocrom con varios colaboradores, teniendo mi consultorio principal en Barcelona. En el año 2020 cerré el Instituto Geocrom como empresa, aunque mi escuela pedagógica sigue vigente, organizando cursos, terapias, retiros y encuentros.

· En el 2004 establecí también mi escuela y consultorio en el Pirineo, con el centro CSIS Cerdanya. En 2011 fundé el laboratorio de Esencias Geocrom y Fisterra. Tras un fuerte accidente, en el 2014 cerré el centro del Pirineo y creé el nuevo espacio pedagógico y terapéutico en Caldes de Monbui.

· En el 2020 establecí mi actual escuela y vivienda en la Casa del Bosc en PIERA, cerca de Montserrat, un espacio ideal para la docencia de grupos reducidos, la terapia psico-anímica, la meditación, retiros pedagógicos compartidos, clases particulares y tutorías, y las tertulias filosóficas del Grup Àgora.

· En el 2022 empecé por primera vez a canalizar dibujos de YANTRAS ARMÓNICOS con finalidades de armonización de los espacios, de meditación y visualización saludable. Actualmente existen 48 Yantras editados y a disposición del público.

· En la actualidad, tengo un hijo, una hija y tres nietos, sigo escribiendo y dibujando, continúo asesorando y cuidando a algunos pacientes en visitas privadas y también a distancia, y sigo facilitando distintos tipos de cursos formativos tanto virtuales como presenciales en Barcelona y en mi centro de Piera.

LIBROS PUBLICADOS DE MARTA POVO

'ADAGIOS SIN TIEMPO, trascender el ego y reconocer tu esencia', Ed. Harmonia's

'ARMONÍA Y HÁBITAT, iniciación lógica al feng shui' Ed. Harmonia's

'DIÁLOGOS CON EL CIELO' Ed. Harmonia's

'EL AMOR Y LA MUERTE', ed. Tarannà

'EL COLOR DE LAS VIOLETAS, un antes y un después del Camino de Santiago'

'EL HEMISFERIO OLVIDADO, canalización y coherencia' Ed. KDP Amazon

'EL VALOR DE LO INVISIBLE' Ed. KDP Amazon

'ENERGÍA Y ARTE, propiedades terapéuticas del color y las formas' Ed. Harmonia's

'FUNDAMENTOS DE LA GEOCROMOTERAPIA' Ed. Harmonia's (AGOTADO)

'GEOMETRÍA Y LUZ, una medicina para el alma' Ed. Isthar

'GEOMETRÍA SAGRADA SANADORA', Ed. KDP Amazon

'LA ENERGÍA VIVA DEL COLOR' Ed. Isthar

'LA MAGNITUD DE LA CONCIENCIA' (AGOTADO)

'LA SOLEDAD DEL SOL, el camino de la sanación' Ed. Isthar

'LECTURAS DEL ENTORNO, integrando salud y hábitat' Ed. Harmonia's

'MADELEINE, el camino hacia la completitud' Ed. Tarannà

'MÁS ALLÁ DE LA EMOCIÓN, que nada te turbe' Ed. Tarannà

'MÉS ENLLÀ DE L'EMOCIÓ, que res no et torbi' "   (versió catalana)

'MÍSTICA DEL COLOR Y LA GEOMETRIA, los códigos del arte y del FengShui' Harmonia's

'PALABRAS DE UN GUERRERO ESPIRITUAL' el Discípulo Anónimo, Ed. Harmonia's

'PERLAS DE AUTOCONOCIMIENTO' Ed. KDP Amazon

'PRINCIPIOS INTELIGENTES DE LA GEOMETRÍA SAGRADA' Ed. Harmonia's

'SÍMBOLOS y GEOMETRÍA PARA LA EVOLUCIÓN, la estética no es estática, es energética'

INFORMACIÓN

Whatsapp / Telegram:
+34 629 50 18 29
Email: geocrom.martapovo@gmail.com

www.institutogeocrom.net
www.martapovoonline.com
www.martapovo.es
www.medicinadelhabitat.com

Made in the USA
Columbia, SC
12 November 2023